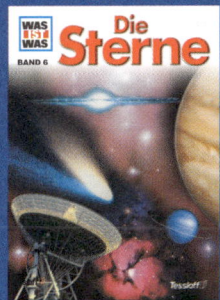
WAS IST WAS BAND 6 **Die Sterne**

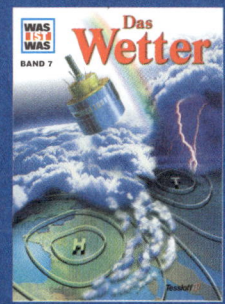
WAS IST WAS BAND 7 **Das Wetter**

WAS IST WAS BAND 8 **Das Mikroskop**

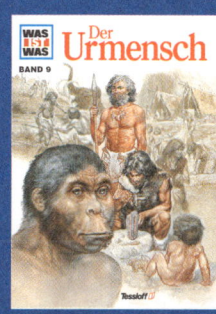
WAS IST WAS BAND 9 **Der Urmensch**

WAS IST WAS BAND 10 **Fli...**

WAS IST WAS BAND 19 **Bienen** und Ameisen

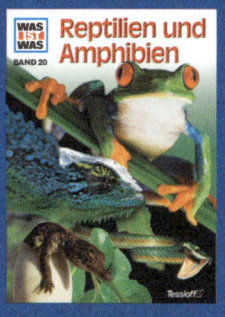
WAS IST WAS BAND 20 **Reptilien und Amphibien**

WAS IST WAS BAND 21 **Der Mond**

WAS IST WAS BAND 22 **Die Zeit**

WAS IST WAS BAND 24 **Elektrizität**

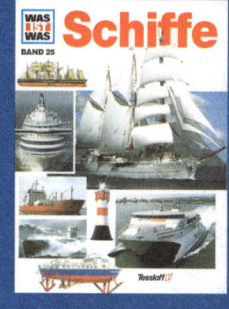
WAS IST WAS BAND 25 **Schiffe**

WAS IST WAS BAND 34 **Wüsten**

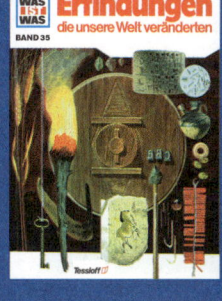
WAS IST WAS BAND 35 **Erfindungen** die unsere Welt veränderten

WAS IST WAS BAND 36 **Polargebiete**

WAS IST WAS BAND 37 **Computer und Roboter**

WAS IST WAS BAND 38 **Säugetiere** der Vorzeit

WAS IST WAS BAND 39 **Magnetismus**

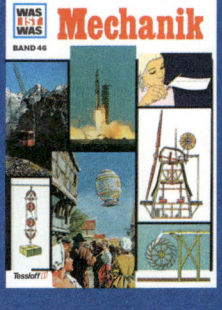
WAS IST WAS BAND 46 **Mechanik**

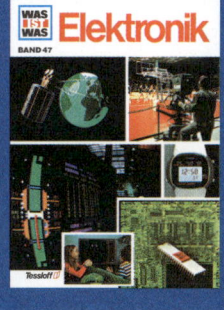
WAS IST WAS BAND 47 **Elektronik**

WAS IST WAS BAND 48 **Luft und Wasser**

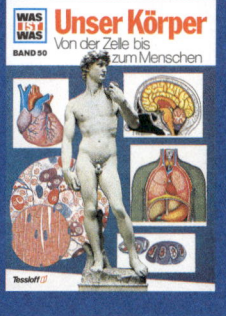
WAS IST WAS BAND 50 **Unser Körper** Von der Zelle bis zum Menschen

WAS IST WAS BAND 52 **Briefmarken**

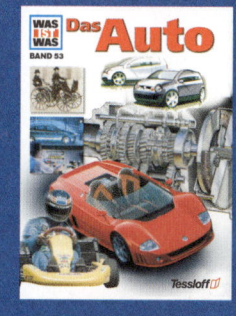
WAS IST WAS BAND 53 **Das Auto**

WAS IST WAS BAND 60 **Die Kreuzzüge**

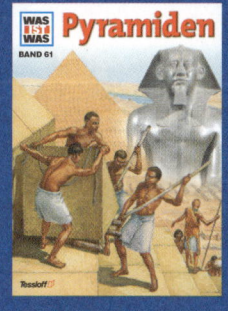
WAS IST WAS BAND 61 **Pyramiden**

WAS IST WAS BAND 62 **Die Germanen**

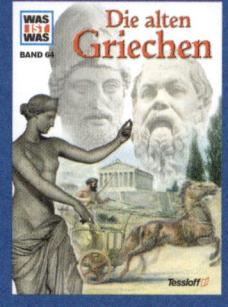
WAS IST WAS BAND 64 **Die alten Griechen**

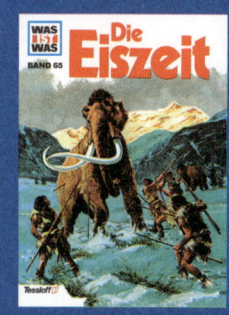
WAS IST WAS BAND 65 **Die Eiszeit**

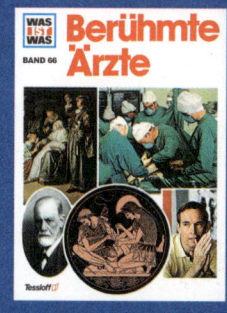
WAS IST WAS BAND 66 **Berühmte Ärzte**

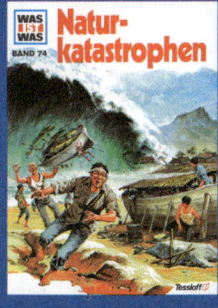
WAS IST WAS BAND 74 **Natur- katastrophen**

WAS IST WAS BAND 75 **Fahnen und Flaggen**

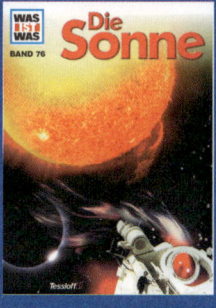
WAS IST WAS BAND 76 **Die Sonne**

WAS IST WAS BAND 77 **Tierwanderungen**

WAS IST WAS BAND 78 **Münzen** und Geld

Weitere Titel siehe letzte Seite.

Ein WAS IST WAS Buch

Fernsehen

Von Herbert Heinzelmann

Illustriert von Joachim Knappe und Manfred Kostka

Dreharbeiten für einen Film mit einer liebenswerten tierischen Heldin: Lassie

Vorwort

Fernsehen: Das ist doch unser Freund, unser Mitbewohner, ein Lebensgefährte, ein Familienmitglied. Aber was wissen wir eigentlich von ihm? Man drückt auf einen Knopf, der Bildschirm leuchtet, und im Handumdrehen erscheint darauf die ganze Welt. Das ist so selbstverständlich geworden, dass sich kaum noch jemand fragt, wie ein Fernsehgerät funktioniert. Wenn der Bildschirm allerdings dunkel bleibt, fühlen wir uns abgeschnitten von der Welt.

Für die meisten Menschen ist das Fernsehen zwar allgegenwärtig, tatsächlich aber ein unbekanntes Wesen. Viele halten es für eine Erfindung der 50er Jahre des vergangenen Jahrhunderts und wissen gar nicht, dass die erste Fernsehübertragung in Berlin schon 1928 stattgefunden hat. Die lange Geschichte der Television wird in diesem Buch erzählt: Es erklärt, wie Bilder durch Löcher kommen, in Kabel gespeist werden und schließlich auf dem Bildschirm erscheinen. Es zeigt, wann die Bilder farbig wurden, warum manche über Satelliten reisen, wie sie in elektronische Päckchen verpackt werden, und wir überlegen uns, wie die technischen Möglichkeiten wohl in Zukunft aussehen werden.

So wichtig die Technik für das Fernsehen ist, so ist für die meisten Zuschauer doch viel interessanter, was sie von dieser Technik haben: das Programm. Aber wie kommen Programme zustande? Wer macht sie? Wie werden sie an die Zuschauer verkauft?

Über die Inhalte des Fernsehens wird viel diskutiert: Machen sie uns süchtig? Vermitteln sie richtige oder falsche Werte? Womöglich verdummen sie uns und erzeugen wirklich „Mattscheibe"? Solche Fragen können auch wir nicht endgültig beantworten. Aber wir machen uns Gedanken über einige Programmformen. Außerdem schauen wir im Studio zu, wie eine beliebte Serie gedreht wird und wie die Redaktion der „Tagesschau" ihre Nachrichten präsentiert.

Unser Freund, die Flimmerkiste, wird uns nach der Lektüre dieses WAS IST WAS-Bandes bestimmt ein bisschen vertrauter sein. Und vielleicht schauen sich die Leser manche Sendung dann sogar mit geschärftem Blick an.

WAS IST WAS

BAND 112

■ Dieses Buch ist auf chlorfrei gebleichtem Papier gedruckt.

BILDQUELLENNACHWEIS:

FOTOS: Action Press, Hamburg: S. 1, 12ul, 16o, 28or, 30ul, 31or, 31u (Peter Lustig), 34ul, 34r, 36ur, 37or, 40ol, 40mr; Archiv für Kunst und Geschichte, Berlin: S. 5ol, 6or, 1ol, 13r, 14o, 22/23, 25r, 27o (Miss Marple), 31ol, 46/47u; www.ard-foto.de: S. 18/19o (ARD, mdr, N3, HR, ORB, arte), 18/19u (PHOENIX), 23ol (Sandmännchen, ORB), 37l (R.M. Reiter), 39or, 40or (NDR), 41ul (WDR/Klaus Barisch); Bayerischer Rundfunk: S. 18o; Cinetext, Frankfurt: S. 24ol, 33r, 38or; Deutsches Rundfunk-Museum e.V., Berlin: S.7or, 7ur, 7ul, 8or, 15l, 15u, 15ol, 17om, 17or; DPA, Frankfurt: S. 8u, 11ol, 11or, 13ol, 13u, 15ol, 18u (KI.KA), 19ul (Mainzelmännchen),23ur, 24or, 26o, 26ur, 27o (Kojak), 27ul, 29o, 30or, 3ou (Lassie/Pippi), 31ul (Augsburger Puppenkiste), 33or, 35m, 35r, 36or, 39ol, 39ur, 40u, 41ur, 44ur, 45l (ntv, DSF, Disney), 47l; DRA, Potsdam: S. 22, 23or, 23ul; Focus Bildagentur, Hamburg: S. 5ul, 5or, 16ur, 38ur; Grundig, Nürnberg: S. 45ur; HörZu: S. 14ur, ; NDR: S. 17ol, 19ol (Antje), 24ul;; WAS IST WAS TV: S. 2, 48ur; ORF: S. 19u; 20ul, 21ul; Premiere: S. 2our; Pro7: S. 18u; RTL: S. 18u, 27ol (Columbo), 33ul, 38ul, 48l; SAT1: S. 18u, 27o (Rex); Schweizer Fernsehen DRS: S. 19u, 21or, 21ur, 29ur, 41o; SuperRTL: S.19ur; VOX: S. 19u; WDR: S. 19o, 27or (Schimanski), 28ol, 31u (Käpt'n Blaubär/Grafik: Walter Moers) 36mo, 39or (Thomas Ernst), 43u, 48or; ZDF, Mainz: S. 18o, 31ur

UMSCHLAGFOTOS: Action Press, Hamburg; DPA, Frankfurt; Joachim Knappe, Hamburg; SONY Professional, Köln; WIW TV, Nürnberg

ILLUSTRATIONEN: Marcus Frey, Frankfurt: S. 44r; Frank Kliemt, Hamburg: S. 43; Joachim Knappe, Hamburg: S. 4, 7, 9l, 10/11, 12, 17, 18, 20, 25, 28, 32/33, 42, 44l, 45; Manfred Kostka, Hamburg: S. 5, 6, 9r

ISBN 3-7886-0675-4

Inhalt

Wie das Fernsehen entstand

Was sah die Königstochter?

„Es war einmal eine Königstochter, die hatte in ihrem Schloss hoch unter der Zinne einen Saal mit zwölf Fenstern, die gingen nach allen Himmelsgegenden, und wenn sie hinaufstieg und umherschaute, so konnte sie ihr ganzes Reich übersehen. Aus dem ersten sah sie schon schärfer als andere Menschen, aus dem zweiten noch besser, aus dem dritten noch deutlicher und immer so weiter bis zu dem zwölften, wo sie alles sah, was über und unter der Erde war und ihr nichts verborgen bleiben konnte."

Das Märchen „Das Meerhäschen" von den Brüdern Grimm erzählt von einem uralten Traum der Menschen: vom in die Ferne sehen, vom Ein-blick in fremde, entfernte Welten – ohne dabei verreisen zu müssen. Würde die Geschichte heute spielen, könnten wir uns vorstellen, dass die Prinzessin in einem Saal mit vielen Fernsehmonitoren steht und all ihre Untertanen von dort sehen kann.

Von einem anderen alten Traum zeugen Bilder, die Menschen in der Steinzeit an die Wände ihrer Höhlen malten. Sie zeichneten zum Beispiel Büffel mit acht Beinen. Dadurch versuchten sie wahrscheinlich, die Tiere im Lauf zu zeigen, jedes Bein in zwei Phasen der Bewegung.

Wir Menschen haben offenbar seit Anbeginn unserer Kultur davon geträumt, bewegte Bilder herzustellen. Doch erst der Kinofilm hat diesen Wunsch Wirklichkeit werden lassen. Das Fernsehen hat ihn dann fortgesetzt.

TELE ...

Das Fernsehen hat viele Verwandte: die Telegrafie, das Telefon, den Rundfunk. Einige dieser Verwandten tragen die Vorsilbe „tele" in ihrem Namen. Auch das Fernsehen wird oft als Television bezeichnet. Die Vorsilbe kommt von dem altgriechischen Wort „telos", das „entfernte Grenze" oder „Ziel" bedeutet. Begriffe, die mit „tele" zusammenhängen, bezeichnen fast immer Verfahren, um etwas über weite Entfernungen ans Ziel zu bringen. Die Telegrafie befördert Schrift, das Telefon Ton und die Television das Bild (Vision bedeutet „Erscheinung").

OHNE ZEITVERLUST

Mit dem Morse-Telegrafen gab es erstmals in der Geschichte der Menschheit die Möglichkeit, Nachrichten ohne Zeitverlust überallhin zu senden. Als Transportwege waren allerdings elektrische Leitungen erforderlich. Daher begann man den Erdball mit Kabeln einzuspinnen. Telegrafenleitungen wurden zwischen Städten und sogar über den Meeresboden gezogen.

1851 wurde mit dem Dampfschiff „Blazer" ein Telegrafenkabel zwischen Dover (England) und Calais (Frankreich) gelegt. Ab 1866 verband ein Transatlantikkabel Amerika und Europa.

CAMERA OBSCURA

Der arabische Gelehrte Ibn al Haitam beschrieb das Prinzip der natürlichen Abbildung von Gegenständen bereits um das Jahr 1000. Künstler nutzten früher manchmal diesen Effekt als Zeichenhilfe. Camera obscura bedeutet „dunkles Zimmer, geheimnisvolle Kammer" – oder einfach Lochkamera. Sie war der Vorläufer des modernen Fotoapparats.

Schreibtelegraf von Samuel Morse, 1844

Seit vielen hundert Jahren gibt es

Was haben Morsezeichen mit dem Fernsehen zu tun?

einfache Methoden, um Botschaften schnell über größere Entfernungen weiterzugeben.

Dazu gehören z. B. die Rauchsignale der Indianer und Trommel- oder Flaggenzeichen. Doch dafür mussten die Gesprächspartner in Sicht- oder Hörweite bleiben. Je größer die Entfernungen wurden, desto langwieriger wurde die Übermittlung von Nachrichten.

Der Erste, der elektrischen Strom als Transportmittel für Informationen einsetzte, war der New Yorker Samuel Morse. Er konstruierte 1837 eine Taste, um einen Stromkreis abwechselnd zu öffnen und zu schließen. Diese Unterbrechungen erzeugten im Empfangsgerät zwei verschiedene Signale, ein kurzes und ein langes. Mit nur zwei Zeichen konnte man alle Buchstaben des Alphabets verschlüsseln. Die berühmteste Kombination des Morse-Alphabets, dreimal kurz, dreimal lang, dreimal kurz, steht für das internationale Notsignal SOS.

Nachdem es erst einmal gelungen war, Schriftzeichen als elektrische Impulse durch Drähte zu schicken, ging man daran, die menschliche Stimme in elektrischen Päckchen um die Welt zu senden: mit dem Tele-

Mister Bell und das Telefon

fon. Das Patent dafür hat sich der Amerikaner Alexander Graham Bell 1876 eintragen lassen. Die nächste Ware, die man dem Draht anvertrauen wollte, sollte dann schon das Bild sein, möglicherweise sogar das bewegte Bild.

WIE KOMMT DAS BILD DURCHS LOCH?

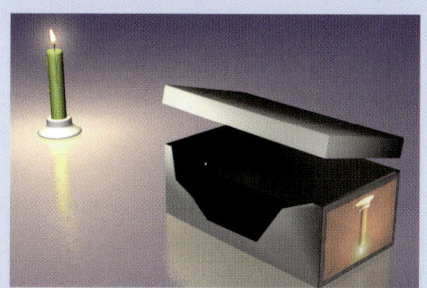

Jeder Körper, jedes Objekt im Licht der Sonne oder im künstlichen Licht ist unter bestimmten Bedingungen sein eigener Projektor. Alle werfen nämlich Lichtbilder von sich in den Raum. Unter normalen Bedingungen kann man diese Lichtbilder nicht sehen. Mit einem einfachen Trick kannst du sie jedoch sichtbar machen: Bohre ein kleines Loch in einen Pappkarton und ersetze auf der gegenüberliegenden Seite den Karton durch Pergamentpapier. Betrachtest du nun mit dieser einfachen Kamera von einem abgedunkelten Zimmer aus eine helle Kerze (oder einen anderen Gegenstand), so erscheint deren Bild umgekehrt auf dem Pergamentpapier.
Die Konturen sind unscharf. Das lässt sich beheben, wenn du den Abstand zwischen Pergamentpapier und Loch, sowie die Größe der Öffnung (deiner Kameralinse) veränderst.

In der Weihnachtsnacht 1883 hatte Paul Nipkow, ein 23-jähriger Student der Naturwissenschaften in Berlin, einen Einfall.

Wie wird ein Bild zerlegt?

Er schrieb ihn nieder und ging damit zum Kaiserlichen Patentamt. Dort meldete er eine Erfindung an, die er als „Elektrisches Teleskop" bezeichnete. Er erklärte seine Idee so: „Der hier zu beschreibende Apparat hat den Zweck, ein am Ort A befindliches Objekt an einem beliebigen anderen Orte B sichtbar zu machen ..." Nipkow wollte ein Bild in viele Teile, in Lichtpunkte, zerlegen, um es auf elektrischem Weg an einen anderen Ort zu senden. Das ist noch heute die Grundlage der Fernsehtechnik: Wenn du den Bildschirm eines Fernsehers von Nahem ansiehst, kannst du ein Raster aus winzigen Punkten erkennen.

Die „Kamera", die sich Paul Nipkow für die Bildübertragung zwischen den Orten „A" und „B" einfallen ließ, bestand aus einer einfachen Scheibe aus lichtundurchlässigem Material. In die Scheibe waren in dichter Folge kleine Löcher gestanzt. Die Löcher waren nacheinander in Form einer Spirale von innen nach außen angeordnet. Wenn man die Scheibe mit einem Uhrwerk in eine regelmäßige und schnelle Bewegung versetzte, tasteten die Löcher einen Gegenstand vor der Scheibe ab.

Paul Nipkow schlug vor, jeden Lichtstrahl, der durch die Punkte fiel, durch Linsen optisch umzuleiten und auf eine Selenzelle zu werfen. Damit konnte er die Helligkeitsveränderungen im Abtastbild des Gegenstandes vor seiner Scheibe in Stromstöße übersetzen. Das war sein Fernsehsender. Die Stromschwankungen wurden an einen entfernten Empfänger geschickt. Der bestand aus einer in gleicher Geschwindigkeit rotierenden Lochscheibe, die die Stromschwankungen wieder in Helligkeitsschwankungen verwandelte. Das Bild des Gegenstandes schien beim Empfang für einen Beobachter in Zeilen oder Streifen von oben nach unten und von links nach

Paul Nipkow, der Erfinder des „Elektrischen Teleskops", 1930

SELENZELLE

1873 wurde entdeckt, dass das chemische Element Selen empfindlich auf Licht reagiert. Der Ingenieur Werner von Siemens nutzte diese Eigenschaft, um eine Selenzelle zu entwickeln. Wenn man sie in einen Stromkreis schaltet, lassen sich Helligkeitsveränderungen in der Umgebung der Zelle in Veränderungen der Stromstärke umwandeln. Weil sie lichtempfindlich ist, nennt man die Selenzelle auch Fotozelle.

Wenn sich die Scheibe dreht, streichen die Löcher über das Bildfenster und zerlegen es in ein Mosaik aus Lichtpunkten. Dabei werden die unterschiedlichen Helligkeitswerte jedes Punktes in der Selenzelle in Stromschwankungen umgewandelt und an den Empfänger übertragen. Dort werden umgekehrt die Stromimpulse in Licht zurückverwandelt. Die Lampe leuchtet in unterschiedlichen Helligkeiten auf. Das Licht fällt durch die rotierende Scheibe und gibt so das Bild Punkt für Punkt wieder.

AUDIOVISUELL

Bereits 1924 versuchten Erfinder, zeitgleich mit den Bildern auf dem Radioweg Töne zu übertragen. Es war die Geburtsstunde des Fernsehens als audiovisuelles Medium, weil es sich zugleich an die Ohren (audio) und an die Augen (visuell) wandte.

Das menschliche Auge ist ein träges Organ. Es hält einen Eindruck, den es gerade aufgenommen hat, ungefähr eine Sechzehntel Sekunde lang als stehendes Bild auf der Netzhaut fest. Wenn die Lichtpunkte eines von einer Nipkow-Scheibe zerlegten Gegenstandes in schnellem Tempo aufeinander folgen, erliegt das Auge der Illusion, es würde die Punkte nicht nacheinander, sondern nebeneinander sehen. Man nennt das auch „Nachbildwirkung". Unser Auge setzt eine rasante Folge von winzigen Detaileindrücken zu einem ganzen Bild zusammen. Ähnlich funktioniert die Wahrnehmung bei einem Daumenkino und beim Film. Ein Filmprojektor wirft in einer Sekunde nacheinander 24 Standbilder auf die Leinwand. Weil die Hand im Daumenkino am rechten Rand in diesem Buch auf jedem Bild die Filmklappe etwas mehr anhebt, glaubt das Auge beim schnellen Blättern, es würde eine Bewegung erkennen.

Eine Braunsche Röhre

Am 9. März 1929 gelang in Berlin erstmals die drahtlose Übertragung von bewegten Bildern.

rechts zu wandern. Man kann auch sagen: Der Gegenstand projizierte sich durch die Scheibe, allerdings nicht „im Ganzen", sondern zerlegt in die vielen Punkte der Spirale. Die Bildzerlegemaschine wurde zu Ehren ihres Erfinders als Nipkow-Scheibe bezeichnet.

1928 wurden mit einer Anlage, die auf Nipkows Erfindungen beruhte, erstmals Bilder über die Entfernung von ein paar Straßen übertragen. Damit der Eindruck von Bewegung entstand, wackelte ab und zu jemand an den Dias – Bildern von bekannten Schauspielern. Die ersten Fernsehbilder waren alles andere als scharf. Sie wurden nur grob abgetastet und auf einem kleinen Bildschirm, der nur vier mal vier Zentimeter maß, wiedergegeben.

Was ist eine Braunsche Röhre?

Der Physiker Ferdinand Braun entwickelte bereits 1897 eine Bildröhre, um den Verlauf veränderlicher Ströme zu verfolgen. Er ließ elektrischen Strom in eine Glasröhre fließen, aus der er sämtliche Luft gepumpt und so ein Vakuum hergestellt hatte. Die Spuren des Stroms wurden auf einer fluoreszierenden Schicht am Boden der Röhre sichtbar. Fluoreszierend bedeutet, dass ein Material aufleuchtet, sobald es von elektrischen Strahlen getroffen wird. Wenn man das Auftreffen der Strahlen nicht dem Zufall überließ, sondern steuerte, konnte man vielleicht mit Elektrizität Bilder zeichnen.

Der Telefunken-Fernseher FE IV, eines der ersten Privatmodelle von 1935, hatte noch ein sehr großes Gehäuse. Der Bildschirm war dagegen noch ziemlich winzig.

Der russische Wissenschaftler Wladimir Zworykin arbeitete mit der elektrischen Staffelei und entwickelte den elektronischen

Was ist ein Ionoskop?

Stift. Mit ihm sollten Bilder und Gegenstände abgetastet, in Elektrizität zerlegt und in der Braunschen Röhre wieder zusammengesetzt und sichtbar gemacht werden.

1923 war der Stift erfunden. Zworykin nannte ihn Ionoskop. Das ist eine Vakuumröhre mit einer „Signalplatte" aus vielen tausend winzigen Fotozellen. Diese fangen jedes über eine Optik darauf geworfene Bild ein und lassen es in punktförmige elektrische Ladungen zerfließen. So werden die Helligkeitsschwankungen des von der Optik erfassten Gegenstands in elektrische Bildpunkte mit unterschiedlichen Stromstärken verwandelt. Werden diese Bildpunkte von einem Elektronenstrahl wie von einem spitzen Griffel abgetastet, so entladen sie sich mit der Stromstärke, die ihrem Helligkeitswert entspricht.

Die Entladungen kann man über beliebige Entfernungen versenden und in einer gegenläufigen Vakuumröhre empfangen. Auch diese ist mit einer Signalplatte ausgestattet. Der Elektronenstrahl streicht darüber und wandelt damit die übertragenen Stromstöße wieder in die Helligkeitswerte des gesendeten Bildes um. Das Prinzip des Fernsehens war erfunden.

Aus der Signalplatte im Ionoskop bzw. der Leuchtschicht in der Braunschen Röhre ist heute die Bildröhre mit dem Bildschirm geworden.

Wir können uns das kaum noch vorstellen: Das Fernsehen war einmal nur schwarzweiß.

Wie kommt die Farbe ins Fernsehen?

1953 wurde das Farbfernsehen in den USA eingeführt. Allerdings hatte das System noch große Schwächen. Bei atmosphärischen Störungen verschoben sich die Farbwerte bis ins Komische. Außerdem sah alles ein bisschen gummibärenbunt aus. In Europa wartete man daher die Verbesserung der Farbdarstellung ab. Seit 1967 ist der Bildschirm in Deutschland bunt.

Während Maler oder Drucker alle Farbtöne aus den drei Grundfarben Gelb, Rot und Blau mischen können, arbeitet das Farbfernsehen zwar auch mit Rot, dann aber mit einem sehr violetten Blau und einem ziemlich blässlichen Grasgrün. Das entspricht der Farbempfindlichkeit des menschlichen Auges. Wie es beim Bild überhaupt geschieht, werden zur Fernsehübertragung auch die Anteile der Farben in kleine Pünktchen zerlegt. Zu diesem Zweck ist die Farbkamera mit drei Bildaufnahmeröhren ausgestattet. Jede ist für eine Farbe zuständig.

Ein Fernsehbild mit 30 und mit 96 Bildzeilen

AUFLÖSUNG

Der deutsche Physiker Manfred von Ardenne verfeinerte das Empfangsgerät. Ihm gelang es 1932, auf dem Leuchtschirm Bilder von 100 Zeilen Umfang zu erzeugen, nachdem zunächst nur 30 Zeilen möglich waren. Damit konnte man Details gut erkennen. Heute sind ungefähr 500 üblich, und mit der neuen Digitaltechnik kann man diese Zahl noch einmal verdoppeln.

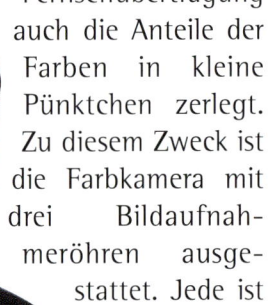

Mit dem Knopfdruck des damaligen Bundeskanzlers Willy Brandt begann am 25. 8. 1967 das Farbfernsehen in Deutschland.

MEDIEN

Kino und Fernsehen nennt man Medien. Ein Medium ist ein Vermittler, der etwas von einem Absender zu einem Empfänger transportiert. Das kann ein Briefträger sein oder das Telefon, Tageszeitungen oder das Internet. Beim Fernsehen heißen die, die Programme übermitteln, Sender. Und die Geräte, in denen die Programme ankommen, heißen Empfänger. Vom Sender zum Empfänger werden Sendungen oder Programme über das Medium Fernsehen transportiert.

Ablenkspulen leiten die Strahlen in die gewünschte Richtung

Kathoden-strahlröhre

Elektronenstrahlen

Leuchtstoffschicht aus Phosphor

Lochmaske

Bildschirm

Die Signale aus der Antenne werden im Fernsehgerät umgewandelt. Die Kathodenstrahlröhren senden Elektronenstrahlen aus, die durch die Lochmaske bestimmte Leuchtteilchen aktivieren und so die Bilder, z. B. für die „Sendung mit der Maus" im WDR, aufbauen.

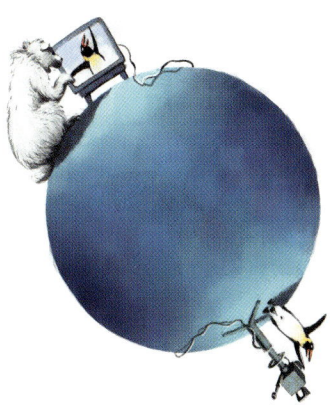

Beim Fernsehen können Bilder, z. B. vom Südpol, im selben Augenblick auf einen Bildschirm in der Arktis transportiert werden, in dem die Kamera sie in der Antarktis einfängt. Das nennt man „Echtzeit-Übertragung".

Dadurch erhält jede Farbe eine andere Signalspannung. Die Bildfarben werden als Signale in das Farbempfangsgerät geschickt. Das ist eine Röhre mit einem Bildschirm aus über einer Million Leuchtstoffsteinchen. Davon glüht ein Teil rot, ein Teil grün und ein dritter Teil violett. Um die Steinchen zum Aufleuchten zu bringen, streichen gleichzeitig drei Elektronenstrahlen darüber hin und werden von einer Art Sieb, der Schattenmaske, so aufgeteilt, dass ein Strahl nur die roten, der zweite nur die violetten, der dritte nur die grünen Leuchtstoffsteinchen aktiviert. Wie bei einem Mosaik werden die Farben in unterschiedlichen Helligkeitsgraden nebeneinander gesetzt. Das Auge des Betrachters verschmilzt die einzelnen Lichtpunkte dann wieder zu Mischfarben.

Ist das Kino mit dem Fernsehen verwandt?

Auf den ersten Blick scheint es so, als sei das Fernsehen ein naher Verwandter des Kinos. Beide arbeiten mit bewegten Bildern und machen sich die Trägheit des Auges zunutze. Bei beiden werden die Bilder von Kameras aufgenommen. Beim Kino immer auf Film, also auf Zelluloid, beim Fernsehen inzwischen hauptsächlich auf Magnetband.

Allerdings gibt es einen großen Unterschied: Beim Kino vergeht grundsätzlich Zeit zwischen der Aufnahme eines Films und seiner Projektion auf die Leinwand. Dazwischen liegen viele Arbeitsprozesse. Ein Film muss z. B. kopiert, also vervielfältigt, werden. Erst viele Kopien ermöglichen es, dass er zugleich in vielen Filmtheatern anläuft.

Das Fernsehen dagegen beschickt von einer Zentrale aus alle eingeschalteten Fernsehgeräte. Außerdem hat es eine Eigenschaft, die es mit dem Kino nicht teilt: Es kann den Weg zwischen Sender und Empfänger fast ohne Zeitverlust zurücklegen. Man sagt, das Fernsehen sendet live, es überträgt in Echtzeit.

Übertragungstechniken

Die ersten Kinofilme wurden 1895 in Berlin und in Paris gezeigt. Bis die ersten Fernsehapparate diesseits und jenseits des Atlantischen Ozeans eingeschaltet werden konnten, mussten noch rund 30 Jahre vergehen. Davor startete 1923 ein anderes Medium in Deutschland: der Rundfunk.

Was hat das Radio mit dem Fernsehen zu tun?

Die Übertragungswege des Rundfunks benutzte zunächst auch das Fernsehen: Man sprach anfangs vom Fernsehfunk, und das Fernsehen in

Der Volksempfänger war das erste weit verbreitete Radiogerät in Deutschland. Er wurde während der nationalsozialistischen Herrschaft als Instrument der politischen Meinungsbildung missbraucht.

der DDR nannte sich sogar zeitweise „Deutscher Fernsehfunk". Anders als die Telefonisten benutzten die Rundfunktechniker kein Kabel als Transportmittel für Töne, die in Elektrizität umgewandelt worden waren. Sie entschieden sich für die drahtlose Verbreitung über Wellen mit der Luft als Trägermedium. Elektrische Impulse ließen sich so optimal übertragen.

Als das Fernsehen in Deutschland begann, war die Post als staatliche Institution für die Übertragungswege zuständig. Sie

Wer sendete die ersten Programme?

stellte mit den Frequenzen die Wellenwege zur Verfügung, auf denen Funksignale verschickt werden. Um sie in das Empfangsgerät zu leiten, ist eine Antenne notwendig. Sie fängt die Radio- und Fernsehwellen aus der Luft ein. Deswegen muss sie ganz oben auf dem Hausdach stehen. Die Post war zunächst auch für die Antennen zuständig und organisierte die ersten Versuchssendungen für das neue Medium.

In den Anfangszeiten des Fernsehens wurden die elektronisch zerlegten Bilder wie der Rundfunk über elektromagnetische

Was ist Satellitenfernsehen?

Wellen durch die Atmosphäre geschickt. Diese Wellen pflanzen sich mit ultrakurzen Schwingungen (UKW) fort. Allerdings immer nur geradlinig, das heißt, sie können der Krümmung des Erdballs nicht fol-

SATELLIT

Die Voraussetzung für die Übertragung von Fernsehdaten ist, dass die Fernsehsatelliten „stationär" bleiben, das heißt immer an derselben Stelle über der Erdoberfläche. Deshalb mussen sie mit genau derselben Geschwindigkeit fliegen, mit der sich auch die Erde dreht.

Fernsehdaten werden auf verschiedenen Wegen übertragen: Sie werden von der Sendezentrale entweder direkt in die Kabelnetze gespeist, oder durch die Luft mit verschiedenen Sende- und Verstärkerstationen wie Satelliten, Fernsehtürmen, großen Parabolspiegeln und Übertragungsmasten übermittelt.

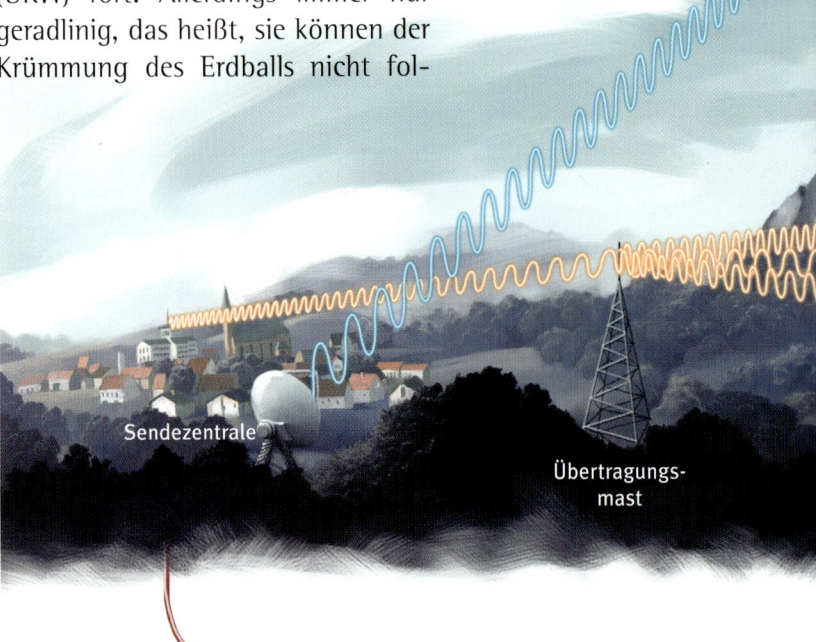

Sendezentrale

Übertragungsmast

gen. Wenn man eine Sendung über große Entfernungen schicken wollte, war es nötig, immer wieder Zwischenstationen einzuschalten: Sendemasten und Fernsehtürme. Sie fingen eine Sendung auf und leiteten sie zur nächsten Station. Ganz große Entfernungen, z. B. über die Ozeane, konnten mit dieser Technik allerdings nicht überwunden werden. Das änderte sich erst, als die Menschen anfingen, den Weltraum zu erforschen. 1957 schoss die damalige Sowjetunion den ersten Satelliten, einen künstlichen Himmelskörper, in eine Umlaufbahn um die Erde. Er hieß Sputnik und war, wie ein kleiner Mond, ein Trabant oder Begleiter der Erde.

Die alten Etrusker nannten einen Erdbegleiter Satellit. Sputnik war der erste künstliche Himmelskörper in der Erdumlaufbahn.

Als die Astronauten der Apollo 11 am 21. Juli 1969 zum ersten Mal auf dem Mond landeten, sahen 600 Millionen Menschen an ihren Fernsehgeräten auf der ganzen Welt zu. Die Bilder wurden über die Rekord-Entfernung von 384 000 km gesendet.

Bald konnten die Satelliten als Zwischenstationen bei der Übertragung von Fernsehbildern genutzt werden. So wurde es möglich, die bisher unüberwindlichen Strecken zwischen den Kontinenten zu überbrücken und Live-Sendungen auf der ganzen Welt zu übertragen. Über den Fernsehsatelliten Telstar 1 wurde am 23. Juli 1962 zum ersten Mal ein Baseballspiel live aus Amerika nach Europa gesendet.

Was bewirkt die Satellitenschüssel?

Zunächst waren Satelliten lediglich Stationen in den ganz normalen Rundfunknetzen. Sie verstärkten die durch die Entfernung schwach gewordenen Wellen, bevor sie sie auf die Erde zurückschickten. Dort wurden sie mit großen Parabolspiegeln von den Rundfunkanstalten aufgefangen und über die Sendefrequen-

Fernsehsatellit

Funkschatten

Fernsehturm

Satellitenschüssel

Hausantenne

Kabelanschluss

31 | 4

zen an die häuslichen Antennen weitergeleitet. Im Lauf der Zeit verfeinerte sich die Technik so, dass jedermann sich seinen eigenen, kleinen Parabolspiegel – die Satellitenschüssel – als Antenne zulegen konnte. Die Zuschauer waren nun nicht mehr auf die Angebote der heimischen Rundfunkanstalten angewiesen, sondern konnten auf jedes internationale Programm zugreifen, das über Satelliten geleitet wurde.

Parabolspiegel empfangen die Sendewellen, bündeln sie in ihrer Mitte und verstärken dadurch die Signale.

Was ist Kabelfernsehen?

Viele Satellitensendungen werden nicht über Parabolantennen übermittelt, sondern zunächst ins Kabelnetz eingespeist und über diesen Verteiler an die einzelnen Fernsehgeräte weitergeleitet. So lange Fernsehen durch die Luft verteilt wurde, konnten nur wenige Programme ausgestrahlt werden, da die Frequenzen nur eine begrenzte Menge Daten aufnehmen konnten. Manche Menschen, die in ungünstig gelegenen Tälern oder Stadtvierteln hinter den Betonfronten von Hochhäusern im so genannten Funkschatten lebten, waren vom Fernsehen abgeschnitten. Deshalb wurde in den 70er Jahren das Kabelfernsehen entwickelt. Die Übertragungsfähigkeit der Kabel wurde technisch so weit verbessert, dass sie große Informationsmengen, und damit auch viele Programme, transportieren konnten. Das erreichte man durch die Vergrößerung ihrer

Kameramänner nehmen das Geschehen am Sportplatz auf. Die Kameras übermitteln die Bilder in den Übertragungswagen. Dort wählt der Regisseur die Ausschnitte aus, die gesendet werden. Dann werden sie über Satelliten und Fernsehsender an die Haushalte verschickt.

INFORMATIONSFREIHEIT
1990 erklärte der Europäische Gerichtshof den freien und ungehinderten Empfang aller über Satelliten gesendeten Programme zum „unantastbaren Menschenrecht". Alle Menschen sollen die Möglichkeit haben, alle ausgestrahlten Informationen zu erhalten und aus dem Angebot frei zu wählen.

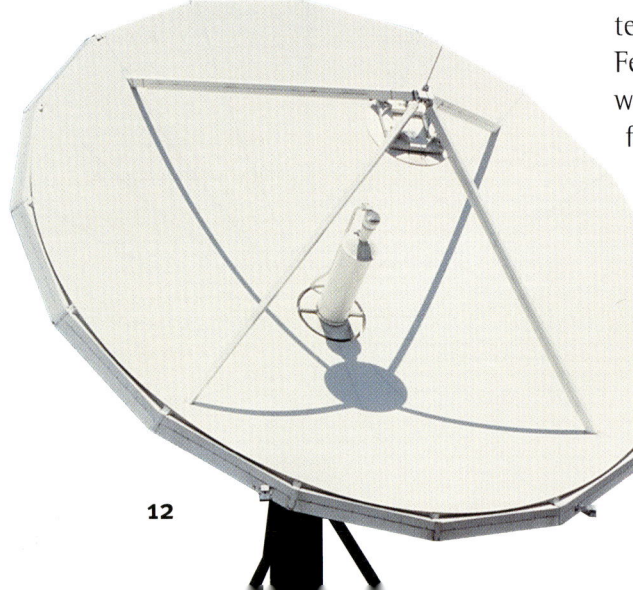

GLASFASERKABEL

Eine wichtige Entwicklung in der Übertragungstechnik war das Glasfaserkabel, ein Lichtwellenleiter. In der Glasfaser werden Bilder und Töne nicht über elektronische Impulse, sondern über Lichtblitze weitergeleitet. Wie wir von der Fotozelle her wissen, ist es nicht schwer, elektrische Signale in optische umzuwandeln und umgekehrt.

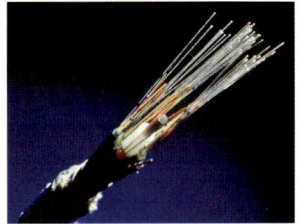

Glasfaserkabel

Das Glasfaserkabel ist die Datenautobahn, über die nicht nur die Signale von Funk und Fernsehen, sondern auch die von Computer zu Computer reisen und das Internet bilden.

Bandbreite (Breitbandkabel). Die Bandbreite von Telefonkabeln betrug früher 3000 Hertz. Für eine Fernsehübertragung benötigt man sieben Megahertz, also 1500-mal so viel. Hertz ist die Maßeinheit für die Schwingungszahl elektrischer Wellen pro Zeiteinheit.

Fassen wir noch einmal zusammen, wie das Bild von einem fernen Ereignis auf den heimischen Bildschirm gelangt.

Wie kommt das Bild vom Stadion zum Bildschirm?

Nehmen wir an, es handelt sich um die Übertragung eines Fußballspiels: Verschiedene Kameras nehmen die Ereignisse auf dem Rasen auf. Deren Bilder gelangen zuerst zum Mischpult des Übertragungswagens vor dem Stadion. Dort wählt der Regisseur die Szenen aus, die gesendet werden. Mit einer Abstrahlantenne werden die elektronischen Signale der Bilder zum Fernsehsatelliten in der Erdumlaufbahn geschickt. Dessen Einrichtungen verstärken die unterwegs verloren gegangene Kraft der Signale und schicken sie auf die

Erde zurück in die Empfangsantenne des Senders. Von dort werden sie ins Kabelnetz eingespeist, zuvor aber noch in Lichtsignale umgewandelt. Das Kabel führt direkt in den Fernsehapparat hinein, wo es einen Kabeltuner gibt. Der empfängt die Lichtsignale und verwandelt sie in Elektrizität zurück. Die elektrischen Signale steuern nun den Elektronenstrahl, der die fluoreszierende Schicht auf der Bildröhre bestreicht und die Helligkeitswerte der von der Kamera aufgenommenen Szenen wiedergibt. Das menschliche Auge nimmt die in rasender Geschwindigkeit nacheinander aufleuchtenden Pünktchen dann dank seiner Trägheit wieder als Bild aus dem Stadion wahr. Parallel zu den Bildsignalen werden die Tonsignale des Kommentars wie beim Rundfunk aufgenommen und über dieselbe Antenne wie das Bild übertragen.

Fernsehtürme arbeiten als Sender und Signalverstärker.

Der Antennenwald gehört bald der Vergangenheit an.

Zunehmend ersetzen Satellitenschüsseln und Kabelanschlüsse die Antennen.

1939 kamen die ersten Modelle für den privaten TV-Empfang auf den Markt. Doch durch den Beginn des Zweiten Weltkriegs wurde die Produktion bald gestoppt.

Kindertage des Fernsehens: die ersten Sendungen

Fragt man Zuschauer, was sie am Fernsehen am meisten interessiert, so werden sie sagen: das Programm. Das, was die einzelnen Fernsehsender im Lauf eines Tages so alles anbieten.

Was heißt Programm?

Der Rundfunk war auch in folgender Hinsicht ein wichtiger Vorläufer des Fernsehens: Er bildete die Einrichtungen und Programmblöcke aus, an denen sich das Fernsehen orientierte. Als das Fernsehen sendereif wurde, hatten sich die Radiohörer bereits an ein regelmäßiges Programmangebot gewöhnt. Es gab auch schon Programmzeitschriften für die Hörer. So waren sie beim Einschalten nicht auf Zufälle angewiesen, sondern konnten die Sendungen einschalten, die sie interessierten. Da man das Fernsehen zunächst als Hörfunk mit Bild verstand, lag es nahe, auch ihm eine regelmäßige Sendefolge als Programm zu geben.

Was waren die Fernsehstuben?

Die ersten Versuche mit dem neuen Medium fanden nur vor einem kleinen Publikum statt. Doch ab dem 22. März 1935 wurde der „Fernsehversuchsbetrieb für Berlin" offiziell vom „Sender Paul Nipkow" aufgenommen. Fernsehempfänger gab es allerdings noch nicht zu kaufen, sie wurden nicht in Serie hergestellt. Damit die Menschen die Sendungen sehen konnten, wurden so genannte Fernsehstuben eingerichtet – meistens in leer stehenden Läden. Es waren schmucklose, abgedunkelte Räume mit 25 bis 30 Stühlen vor einem oder zwei Fernsehgeräten. Zu Beginn des Fernsehens in Deutschland guckte man nicht privat zu Hause, man guckte in der Gruppe, ganz wie im Kino.

Kostenlose Eintrittskarten regelten den Wechsel des Publikums – jeder durfte eine Stunde bleiben.

PROGRAMM

ist ein altgriechisches Wort. Es bezeichnet eine Vorschrift: eine festgelegte Folge von Arbeitsschritten oder Darbietungen. Im antiken Griechenland gab es Programme für den Ablauf der Wettkämpfe bei den Olympischen Spielen oder für die Abfolge der Stücke bei Theaterfestivals. Im Zusammenhang mit Funk und Fernsehen verstehen wir das Wort heute als Reihenfolge der Sendungen.

Die „Hör zu!" war eine der ersten deutschen Fernsehprogrammzeitschriften.

Fernsehstelle der Deutschen Reichspost

50821 *

Eintrittskarte

für den 29.3.4..

Als die Fernsehstuben geschlossen wurden, private Geräte aber immer noch ein Luxus waren, trafen sich die Menschen manchmal bei dem glücklichen Besitzer eines Apparats, um gemeinsam fernzusehen.

Ü-WAGEN

Bei Sportübertragungen oder anderen aufwändigen Sendungen, die direkt vom Ort eines Geschehens berichten, wurden damals wie heute Fahrzeuge

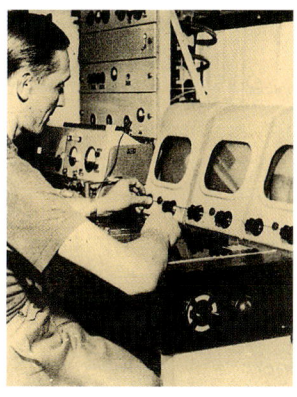

eingesetzt: die Ü-Wagen (Übertragungswagen). In ihrem Inneren befindet sich ein Mini-Studio mit allen notwendigen Geräten: vor allem einem Mischpult, an dem der Regisseur die Reihenfolge der gesendeten Bilder bestimmt und den Ton optimal aussteuert. Zur Ausstattung gehören auch unterschiedliche Kameras, Mikrofone, Kabel, Scheinwerfer, …

Was war der erste Publikumsrenner?

Der erste große Publikumserfolg des Fernsehens war – wie es später noch oft sein sollte – ein sportliches Großereignis.

Vom 1. bis 16. August 1936 fanden in Berlin die Olympischen Sommerspiele statt. Sie wurden von der nationalsozialistischen Regierung, die damals in Deutschland an der Macht war, sehr stark für ihre Propaganda genutzt. Auch die Weiterentwicklung des Fernsehens wurde zum Zweck der Selbstdarstellung vorangetrieben.

Noch nie hatte es irgendwo von einer Sportveranstaltung Bilder gegeben, die in Echtzeit an anderen Orten gesehen werden konnten. Rund 150 000 Zuschauer sollen die zehn olympischen Wettkampftage in den 25 Berliner Fernsehstuben mitverfolgt haben.

Das Programm im Folgejahr 1937 bestand aus einer Mischung von Live-Sendungen und vorher aufgenommenen, abgetasteten Filmen, die meist nur wenige Minuten bis zu einer halben Stunde dauerten. Live-Sendungen waren damals noch sehr mühsam zu produzieren, denn es stand nur eine winzige Bühne zur Verfügung. Und es gab eine einzige, fest installierte Platte mit Fotozellen, die als Kamera fungierte.

War in einer laufenden Handlung ein Umbau der Bühne erforderlich, musste ein Schauspieler dicht vor die Kameraplatte treten und direkt davor agieren, um den Hintergrund abzudecken. Dort baute man dann schnell in seinem Schatten um.

Zu den Kameras, die während der Olympischen Spiele in München 1936 verwendet wurden, gehörte ein wahres Monster der Firma Telefunken. Es war 2,20 m lang und hatte drei Objektive, darunter ein Teleobjektiv mit 40 cm Brennweite und einem Gewicht von 45 Kilo. Der Riese bekam den Spitznamen „Fernsehkanone".

Das Fernsehen wird zum Dauerbrenner

Während des Zweiten Weltkrieges

Wann wurde das Fernsehen zum Massenmedium?

verlor die Weiterentwicklung des Fernsehens an Bedeutung – die Sendungen wurden eingestellt, ebenso wie die geplante Massenproduktion von Geräten. Daher erinnert sich kaum jemand an die erste Epoche des Fernsehens. Die meisten Menschen glauben, das Fernsehen sei eine Erfindung der 50er Jahre. Dabei hat es sich in dieser Zeit nur durchgesetzt. Es wurde zum Massenmedium, das beinahe jeder im Haus hat. In Amerika war das viel früher der Fall als in Europa. 1952 gab es dort schon 18 Millionen Fernsehzuschauer. In der Bundesrepublik Deutschland dagegen konnten zu dieser Zeit gerade einmal 2000 Teilnehmer die ersten Probesendungen des Nordwestdeutschen Rundfunks (NWDR) empfangen.

Ein Jahrzehnt später gab es bereits in jedem dritten Haushalt einen Fernseher. Nochmals zehn Jahre danach, 1972, besaßen die meisten Familien eine eigene Flimmerkiste, jeder achte Haushalt hatte sogar schon ein Farbgerät. Und im Jahr 2000 gab es in Deutschland 35 Millionen angemeldete TV-Apparate.

Wenn du heute Filme aus der frühen Farbbildzeit ansiehst, wie z. B. „Der Zauberer von Oz", kannst du noch sehen, wie schwierig es war, die Farbmischung der Realität anzunähern.

Wem gehört denn das Fernsehen

Wem gehört das Fernsehen?

eigentlich? Den Rundfunkanstalten. Aber wem gehören die Rundfunkanstalten? Eigentlich niemandem. Sie sind weder in privatem noch in staatlichem Besitz, es sind Anstalten des öffentlichen Rechts. Das heißt, sie sind der Öffentlichkeit gegenüber verantwortlich, uns allen gegenüber. Wir werden vertreten durch die so ge-

MAZ

Die ersten Sendungen, die live ausgestrahlt wurden, konnten nie mehr wiederholt werden, da es in den frühen Jahren noch keine Aufzeichnungsmöglichkeiten gab. Der Vorläufer der Bildaufzeichnungsgeräte für das Fernsehen ist das Tonband, das seit 1940 im Rundfunk eingesetzt wurde. Auf einem Plastikband wird Eisenpulver fixiert, das durch unterschiedliche Magnetisierung elektrische Signale speichern kann. Im Prinzip funktioniert die Speicherung elektrischer Bildsignale auf dieselbe Weise. Seit 1956 wurde die MagnetAufZeichnung (MAZ) von Fernsehsendungen in Amerika eingesetzt, zwei Jahre später auch in Deutschland. Von nun an war die elektronische Kamera nicht mehr dazu verurteilt, flüchtige Bilder direkt auf einen Monitor zu schicken. Sie speicherte sie auf Magnetband.

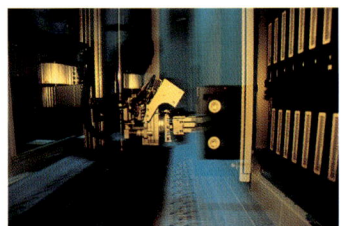

Fertige Sendungen werden in Form von MAZ-Rollen oder Videokassetten nummeriert, genau beschriftet und feuersicher in Archiven aufbewahrt.

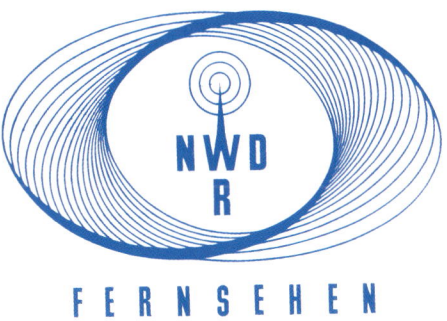

So sahen die ersten Senderlogos von ARD und ZDF aus.

Der Nordwestdeutsche Rundfunk ging 1954 in der Sendergemeinschaft der ARD auf.

GEBÜHREN

Wer fernsehen oder Radio hören möchte und sich die notwendigen Geräte anschafft, muss Gebühren bezahlen. Sie werden von der GEZ (Gebühreneinzugszentrale) erhoben und an die öffentlich-rechtlichen Sender verteilt. Weitere Gebühren werden fällig, wenn man den Fernseher an das Kabel anschließt. Sie werden von der Kabelbetriebsgesellschaft für die Nutzung der Datenleitung erhoben.

FÜR FRÜHAUFSTEHER

In bestimmten Bereichen, etwa bei Informationssendungen, arbeiten die beiden öffentlich-rechtlichen Sender zusammen. In einer Woche wird das Frühstücksfernsehen als „ZDF-Magazin" vom ZDF produziert, in der nächsten als „Morgenmagazin" von der ARD. Wahrscheinlich hat jeder schon einmal ins Frühstücksfernsehen hineingeschaut. Es heißt so, weil morgens die meisten Zuschauer gerade beim Frühstück sitzen.

nannten gesellschaftlich relevanten Gruppen, zum Beispiel Kirchen, Gewerkschaften, Arbeitgeberverbände, Universitäten, Kultureinrichtungen, Sportverbände, Presseorgane, aber auch Parteien. Sie schicken Mitglieder in den Rundfunkrat als Kontrollgremium einer Rundfunkanstalt. Der Rundfunkrat beruft einen Intendanten. Das ist der Titel des Chefs, der den Sender leitet und letztlich darüber entscheidet, was gesendet wird, wie es finanziert wird, wer beim Rundfunk arbeiten darf und so weiter. Das Kapital bekommen öffentlich-rechtliche Anstalten aus Gebühren und zu geringeren Teilen aus Einnahmen für Werbung. Gebühren werden gleichermaßen von allen erhoben, die ein Empfangsgerät besitzen, von allen Rundfunk- und Fernsehteilnehmern.

Nach dem Kriegsende hatten zunächst einige Regionalsender zusammen den Versuchsbetrieb bestritten. Als das „Deutsche Fernsehen" am 1. November 1954 zu senden begann, gab es weder Privatsender noch Pay-TV, sondern nur ein einziges, in schwarz-weiß ausgestrahltes Programm. Das

Warum gibt es heute viele Fernsehsender?

Fernsehen stellte sich als Produkt der „Arbeitsgemeinschaft der öffentlich-rechtlichen Rundfunkanstalten der Bundesrepublik Deutschland" (abgekürzt ARD) vor. In beinahe jedem Bundesland gab (und gibt) es eine Rundfunkanstalt – etwa den Bayerischen Rundfunk in München oder den Westdeutschen Rundfunk in Köln. Dort werden Sendungen produziert, die dann im Gemeinschaftsprogramm der ARD landen. In den Anfangszeiten gab es an Wochentagen rund vier Fernsehstunden. Nachmittags zwischen 17 und 18 Uhr wurde ein Spezialprogramm für Kinder und Jugendliche ausgestrahlt.

Bis 1963 blieb das „Deutsche Fernsehen" konkurrenzlos. Im Lauf der Zeit ergaben sich neue technische Möglichkeiten zur Verbreitung des Fernsehens. Das führte zur Ausweitung des Programmangebots: Am 1. April 1963 startete das „Zweite Deutsche Fernsehen" (ZDF) seine Sendungen. Wie die ARD ist das ZDF eine Anstalt des öffentlichen Rechts. Es ist allerdings nicht als Sender-Gemeinschaft organisiert, sondern arbeitet zentral von seinem Sitz

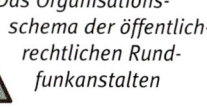

Intendant

Rundfunkrat

Öffentlichkeit, vertreten durch Gewerkschaften, Universitäten, Sportverbände und andere

Das Organisationsschema der öffentlich-rechtlichen Rundfunkanstalten

in Mainz aus. Seit 1964 strahlen einige Landessender der ARD zusätzlich noch so genannte „Dritte Programme" aus. Ihre Sendungen waren ursprünglich als Schul- und Bildungsprogramme gedacht. Als „Telekolleg" wollten sie den Zuschauern Fortbildungsmöglichkeiten eröffnen. In der Zwischenzeit zeigen aber auch die „Dritten" ein tägliches Vollprogramm rund um die Uhr.

Durch die immer besseren technischen Möglichkeiten und die Einführung des Privatfernsehens hat sich die Programmvielfalt seither stark verbreitert.

Privatsender gehören meist Gesellschaften, an denen große Verlage und internationale Medienkonzerne beteiligt sind, die mit dem Fernsehprogramm Geld verdienen wollen. Sie beziehen ihre Finanzmittel aus den Werbeeinblendungen, die über den ganzen Tag gesendet werden dürfen und die normalen Programme immer wieder unterbrechen. Diese Form der Organisation nennt man Sponsor-System. Es wurde in den USA entwickelt. Der Programmanbieter verkauft seine Sendungen an Kunden. Seine Kunden sind aber nicht die Zuschauer, sondern Firmen, die das Programm nutzen, um damit

Was ist Privatfernsehen?

Werbung für ihre Produkte zu machen. Eine Sendung wird dabei als Trägerelement für Werbespots begriffen.

Die Programme der Privatsender kann jeder im Free-TV ohne besondere Gebühren frei empfangen. Sie kommen über Antenne oder Kabel ins Haus.

In den 70er Jahren begann die Post Deutschland zu verkabeln. Für die Einrichtung und den Gebrauch von Kabelanschlüssen müssen die Fernsehzuschauer zusätzliche Gebühren an die Kabelgesellschaft bezahlen. Da via Kabel viel mehr Daten übertragen werden konnten als bisher über Funkwellen, gab es Platz für neue Programmangebote – und damit auch für neue, zunehmend spezialisierte Programmanbieter.

1984 wurden private, kommerzielle Fernsehsender in Deutschland zugelassen und so das Duale System eingeführt. Das Fernsehen ruht auf zwei gleichberechtigten Säulen. Die öffentlich-rechtlichen Sender sichern eine Grundversorgung an Information, Erziehung, Bildung, Unterhaltung und Geschehnissen, die im allgemeinen Interesse stehen –

Was ist das Duale System?

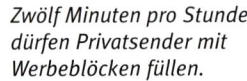

Zwölf Minuten pro Stunde dürfen Privatsender mit Werbeblöcken füllen.

 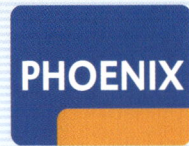   

Das Walross Antje war von 1978 bis 2001 das Maskottchen des Norddeutschen Rundfunks und überbrückte kleine Pausen zwischen den Sendungen.

und dürfen in ihrer Existenz nicht bedroht werden. Daher müssen alle Fernsehbesitzer Gebühren dafür bezahlen. Die Privatsender müssen, weil sie auf hohe Einschaltquoten angewiesen sind, nicht unbedingt auf kulturell anspruchsvolle Programme achten. Sie können ihre Sendezeit frei gestalten und finanzieren sich durch Werbeeinnahmen.

Für die einen ist Werbung Information über ein Produkt, für die anderen ist sie Verführung zum Geldausgeben. Manche betrachten Werbung im Fernsehen als Ärgernis, die anderen freuen sich über die Gags und Tricks in den Spots. Viele Zuschauer finden Werbung praktisch, weil sie während der Reklameunterbrechungen Getränke holen oder auf die Toilette gehen können, ohne etwas zu verpassen. Die Fernsehsender, vor allem die privaten, sind auf Werbung als Einnahmequelle angewiesen. Die Hersteller von Produkten wollen durch Werbespots ihren Umsatz erhöhen. Werbeslogans wirken durch ihre Symbole, die Musik (Jingles) und viele, viele Wiederholungen. Produkte werden oft an Personen oder Figuren gebunden, um sie einprägsam zu machen. Einige dieser Werbefiguren sind so bekannt geworden, dass sie

> **Was ist Werbung?**

inzwischen zum allgemeinen Kulturgut gehören, wie Clementine aus der Waschmittelreklame oder die lila Kuh. Auch Werbesprüche gehen manchmal in unseren alltäglichen Sprachgebrauch über, z. B. „Das sind ja gleich drei Wünsche auf einmal – das geht nun wirklich nicht!" oder „Nichts ist unmöglich ...".

Die Preise für Werbespots richten sich danach, wie viele Menschen eine Sendung sehen.

Damit die Sender herausfinden können, wie viele Zuschauer welche Sendungen wie lange gucken, werden die Einschaltquoten gemessen. Dabei wird das Fernsehverhalten von 5600 Familien aus ganz Deutschland stellvertretend für alle TV-Seher genau untersucht.

Die Gesellschaft für Konsumforschung (GfK) in Nürnberg hat dafür ein Messgerät entwickelt, das GfK-Meter. Es misst genau, wann und wie oft ein- oder umgeschaltet wird und wie lange die Zuschauer bei einer Sendung bleiben, ob sie bis zum Ende schauen oder zwischendurch ausschalten oder auf einen anderen Kanal wechseln. Jedes Familienmitglied und auch jeder Besucher melden sich am Messgerät durch Knopfdruck an oder ab, sobald sie

> **Wie werden die Einschaltquoten ermittelt?**

Werbung muss klar erkennbar von anderen Sendeinhalten abgegrenzt sein. Im ZDF leiten z. B. die Mainzelmännchen zur Reklame über.

sich vor den Bildschirm setzen oder wieder weggehen. Nachts werden die gesammelten Daten dann an die GfK weitergeleitet, die daraus die Sehgewohnheiten aller Zuschauer errechnet und ihre Ergebnisse jeden Morgen an die einzelnen Fernsehanstalten übermittelt.

Für die Sender sind diese Ergebnisse sehr wichtig, denn je mehr Leute einen Film, eine Daily Soap oder ein Magazin sehen, desto mehr Geld können die Sender für Werbeeinblendungen verlangen.

Diese Quoten können darüber entscheiden, ob Sendungen oder Shows verlängert oder abgesetzt werden. Wenn die Quote von regelmäßigen Programmen „in den Keller sackt", werden sie vor allem bei den Privatsendern schnell aus dem Programm genommen, weil sich keine Werbekunden mehr finden, die ihre Spots in solchen Programmen zeigen wollen.

GfK-Fernbedienung

Familien, die zum Panel, zur Forschungsgruppe der Gesellschaft für Konsumforschung gehören, bekommen einige Geräte an ihren Fernseher angeschlossen. Diese verzeichnen alle An-, Um- und Ausschaltvorgänge eines Tages und übermitteln sie nachts zur Auswertung der Einschaltquoten. Wenn jemand den Fernseher benutzt, meldet er sich mit der Fernbedienung an.

Beim Pay-TV oder Bezahlfernsehen verkauft ein Sender seine Programme nicht an Werbekunden, sondern direkt an die Zuschauer.

Was ist Pay-TV?

Wenn man diese Programme sehen möchte, muss man sie bestellen und dafür eigene Gebühren bezahlen. Damit dieser spezielle Handel zwischen dem Sender und den einzelnen Kunden überhaupt funktionieren kann, sind die ausgestrahlten Programme verschlüsselt.

Man kann sie nur betrachten, wenn man einen Decoder kauft. Das ist ein Gerät, das die Verschlüsselung wieder entzerren kann. Je nach Anbieter bezahlt man dann für einzelne Sendungen oder für bestimmte Programmbereiche.

Bei der Spielshow „Bingo" im ORF können Zuschauer zu Hause am Gewinnspiel teilnehmen und mit den fünf Kandidaten im Studio mitfiebern.

Im Mai 1955 begann der Fernsehversuchsbetrieb in Wien. Im Januar 1957 startete dann das reguläre Programm. Heute strahlt der ORF zwei Vollprogramme aus: Auf ORF1 gibt es ein internationales Programm mit Shows, Serien, Sportübertragungen, Spielfilmen und Confetti TiVi – einem täglichen sechsstündigen gewalt- und werbefreien Bereich für Kinder- und Jugendsendungen.

Wie entwickelte sich das Fernsehen in Österreich?

PREMIERE

Man sagt, ein Zuschauer abonniert dieses Programm, so wie man einen festen Platz im Theater buchen kann. Man kann dadurch z. B. an Fernsehpremieren von besonders aktuellen Filmen teilnehmen. Deswegen hat sich das erste deutsche Abonnentenfernsehen den Namen Premiere gegeben.

fK-Meter

ORF2 ist der „Österreich-Kanal", dort gibt es Nachrichten und Informationssendungen der Landesstudios, Kultursendungen, Dokumentationen, Talkrunden und eigenproduzierte Spielfilme. Daneben sind natürlich auch die internationalen Satelliten- und Kabelprogramme zu empfangen.

Die Soap „Lüthi & Blanc" erzählt einmal wöchentlich die Geschichte einer schweizer Schokoladenfabrikanten-Familie.

Wie sieht das Fernsehen in der Schweiz aus?

Im Schweizer Fernsehen gibt es eine Besonderheit: Durch die Gliederung des Landes in viele kleine, selbstbestimmte Regionen und die verschiedenen Sprachen in den Bundesländern (deutsch, italienisch, französisch, schweizerdeutsch und rätoromanisch) wurde die erste Versuchssendung zwar schon im Juli 1953 ausgestrahlt, aber es gab erst 1961 in allen Landesteilen ein eigenes Programm. Heute ist das Schweizer Fernsehen ähnlich strukturiert wie der ORF.

Das SF1 sendet schwerpunktmäßig Nachrichten- und Magazin-

sendungen sowie eigenproduzierte Unterhaltung. SF2 ergänzt das Angebot mit Sportberichten, Spielfilmen, einem Jugendmagazin und einem täglichen Kinderprogramm zwischen 10 und 17 Uhr, das in Zusammenarbeit mit dem amerikanischen Sender Nickelodeon entsteht.

Andreas Moser, Moderator von „Netz Natur" im Schweizer Fernsehen

In der Schweiz sind die Übertragungswege in den Bergen besonders schwierig. Daher können Zuschauer in Gegenden, die im Funkschatten liegen und noch keinen Kabelanschluss oder eine Satellitenantenne haben, oft nur SF1 empfangen.

Im Confetti TiVi können Kinder in verschiedenen Formaten mitbestimmen. Sie präsentieren z. B. Nachrichten für Kinder oder moderieren das Magazin „Kids 4 Kids", das sich jedes Mal einem eigenen Thema widmet.

21

Die Sendung „Ein Kessel Buntes" brachte Theater- und Showelemente sowie Kabarett.

Erkennungszeichen der „Drei Dialektiker", die durch das Programm führten, war eine Waschmaschine, von der aus sie ihre Sketche zum Besten gaben. Als ihre Scherze zu politisch und zu kritisch wurden, setzte man sie ab.

Fernsehen in der DDR

Zwischen 1945 und 1990 war Deutschland als Folge des Zweiten Weltkriegs politisch geteilt. Es gab zwei Regierungssysteme

Ab wann sendete der DFF?

und eine nahezu undurchdringliche Grenze zwischen Ost- und Westdeutschland. Entsprechend gab es auch zwei unterschiedliche Fernsehsysteme. In Ostberlin begann am 21. 12. 1952 der „Deutsche Fernsehfunk" (DFF) mit einem Fernsehversuchsprogramm für das Gebiet der Deutschen Demokratischen Republik (DDR). Mit der „Aktuellen Kamera" wurde noch vor dem Fernsehen in Westdeutschland eine tägliche Nachrichtensendung eingerichtet. Im Januar 1956 war dann offizieller Programmstart. Anders als in Westdeutschland mit seinem öffentlich-rechtlichen Fernsehen unterstand

das Fernsehen in der DDR dem Staat. Der wichtigste Unterschied zu den öffentlich-rechtlichen Sendern in der Bundesrepublik bestand darin, dass der Deutsche Fernsehfunk (ab 1972 umbenannt in „Fernsehen der DDR") nicht kritisch über die Regierung berichten durfte, die ihn ja selbst betrieb.

Im Großen und Ganzen unter-

Was waren die Lieblingssendungen?

schied sich das Programm aber nur wenig von den Programmen in Westdeutschland.

Auch in der DDR waren Sportübertragungen und Shows sehr beliebt. Die erste erfolgreiche Unterhaltungsreihe des DDR-Fernsehens wurde vom Rundfunk übernommen und hatte den Titel „Da lacht der Bär". Einen interessanten Versuch

WERBEZEIT

Offiziell gab es in dem sozialistischen Staat keine Werbung. Aber in der Sendung „Tausend Teletips" wurden den Verbrauchern einzelne Produkte vorgestellt und so indirekt beworben.

1990

Nach der Wiedervereinigung wurden die Sender des DFF aufgelöst und neue Landessendeanstalten, z. B. der ORB, in den neuen Bundesländern geschaffen.

GUTE NACHT!

Bei Kindern, aber auch bei vielen Erwachsenen, war vor allem ein Star des DDR-Fernsehens beliebt: Ein kleiner spitzbärtiger Herr, der seit dem 23. 11. 1955 jeden Tag kurz vor 19 Uhr mit allen möglichen und unmöglichen Fortbewegungsmitteln auf den Bildschirm kam, um den „Abendgruß" zu entbieten – das Sandmännchen.

machte die Sendung „Ob das was wird?": Sie wurde aus verschiedenen Städten gesendet, deren Bewohner jeweils das Programm mit Darbietungen bestreiten und das Bühnenbild nach ihren Ideen vervollständigen durften. In „Außenseiter - Spitzenreiter" wurden Rekordleistungen aus den verschiedensten Bereichen präsentiert. Und seit den 70er Jahren zeigte „Ein Kessel Buntes" eine Mischung aus Auftritten von bekannten Musikern, Sängern und Artisten mit einem Kabarett, das sogar kleine Seitenhiebe auf den staatlichen Arbeitgeber verteilen durfte.

Das Fernsehen der DDR diente

> **Wie hingen Fernsehen und Politik zusammen?**

der Regierung als Lautsprecher ihrer politischen Pläne. Es war also auch ein Propagandainstrument. Eine der wichtigsten Propagandasendungen war das Magazin „Der schwarze Kanal".

Nach dem Bau der Berliner Mauer im Jahr 1961 war die DDR ein weitgehend isolierter, abgeschotteter Staat. Das Fernsehen bekam die Aufgabe, eine Art DDR-Heimatge-

Die tägliche Nachrichtensendung im DDR-Fernsehen hieß „Die aktuelle Kamera".

fühl zu schaffen. Es sollte später auch die Kritik einer immer unzufriedeneren Jugend auffangen. Daher wurden verschiedene Jugendmagazine zu einem langen Jugendnachmittag mit dem Titel „Elf 99" zusammengefasst, mit einer modernen Studioausstattung und frechen Moderatoren. Die Regierung versuchte die Stimmung im Land anhand der Zuschauerreaktionen zu überprüfen und zu steuern.

Seit 1969 gab es in der DDR ein zweites Fernsehprogramm, das seine Beiträge in Farbe ausstrahlte, während das erste Programm noch lange als Schwarzweiß-Sender arbeitete. Viele Zuschauer konnten auch das westliche Programm empfangen. Es war sehr beliebt und wurde im privaten Rahmen geduldet.

Das Jugendprogramm „Elf 99" sprach viele Zuschauer durch den lockeren Ton und die witzige Aufmachung an. Vor und während der Wende behandelten die Moderatoren aktuelle Probleme und hinterfragten diese kritisch.

Der „Polizeiruf 110" ist eine der wenigen Sendungen des DFF, die nach der deutschen Wiedervereinigung weiter existieren.

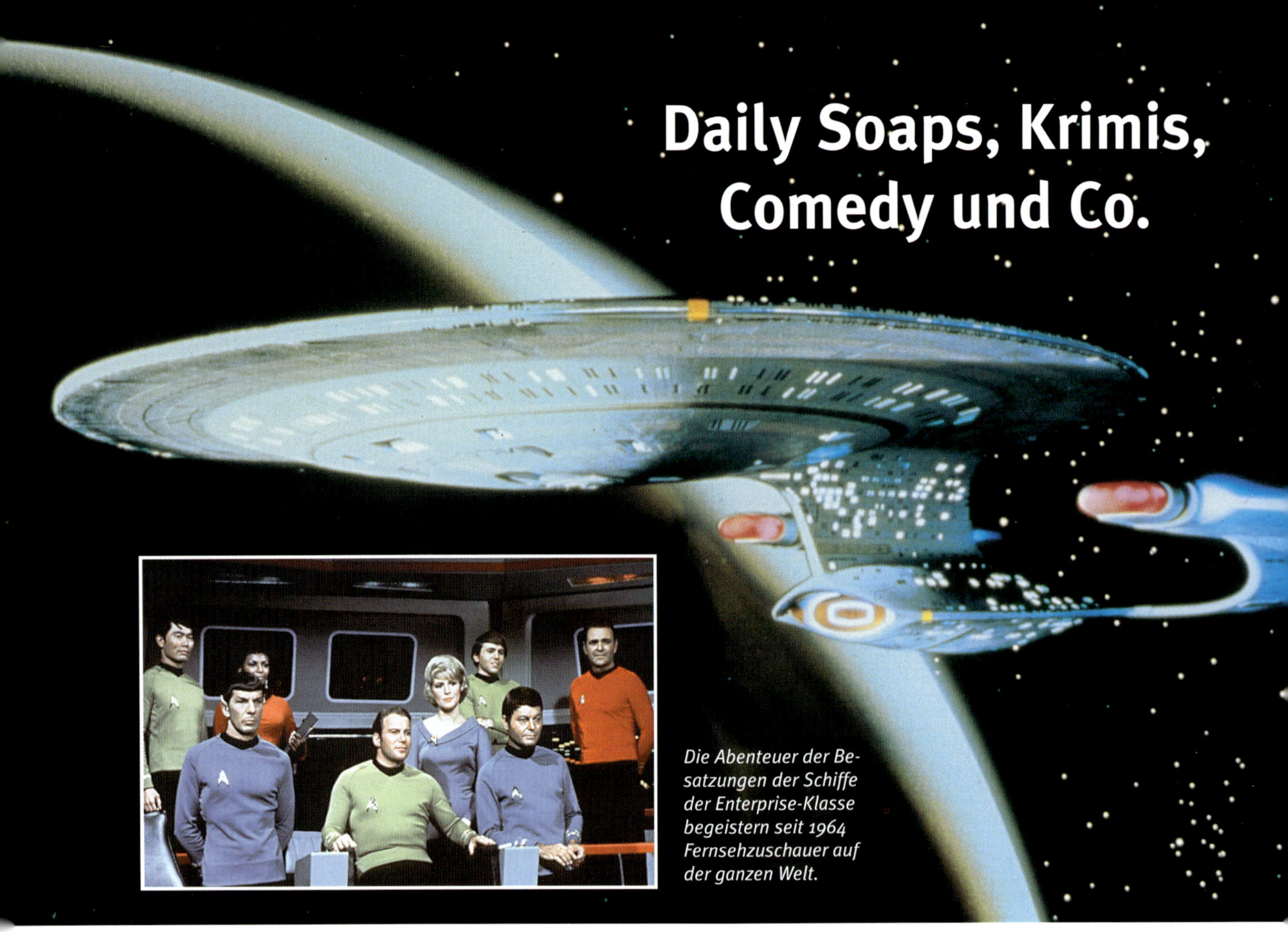

Daily Soaps, Krimis, Comedy und Co.

Die Abenteuer der Besatzungen der Schiffe der Enterprise-Klasse begeistern seit 1964 Fernsehzuschauer auf der ganzen Welt.

Für das TV-Publikum ist das Programm das Wichtigste. Aber woraus setzt sich das Programm zusammen? Was ist drin im Fernsehen? Was sind die Inhalte, Genres und Formate?

Was ist drin im Fernsehen?

Mit Genre oder Gattung bezeichnet man Sendungen, deren Personal oder Handlungsort oder Handlungszeit bestimmte typische Merkmale aufweisen oder die nach bestimmten Regeln ablaufen, wie z. B. der Kriminalfilm, die Komödie oder der Western. Zu den Genres gehören auch Arztserien oder Bergfilme; ebenso bestimmte Sendeformen wie das Quiz oder die Gameshow.

Die erste Fernsehfamilie: die Schölermanns

Die Familienserie ist eine „Urform" der Fernsehunterhaltung. Auch die Daily Soaps sind Nachkommen von „Unsere Nachbarn heute abend – Familie Schölermann". So hieß die erste deutsche lang laufende Familienserie, die ab September 1954 auf den Bildschirmen erschien. Die Fernseh-

Wie hieß die erste deutsche Fernsehfamilie?

Einmalig

In den 50er Jahren gab es noch keine Aufzeichnungsmöglichkeiten für Fernsehsendungen (es sei denn, man nahm sie auf Film auf). Fast alle Folgen der „Familie Schölermann" wurden live im Studio gespielt und gesendet – ein einziges Mal. Seitdem sind sie im Äther verschwunden.

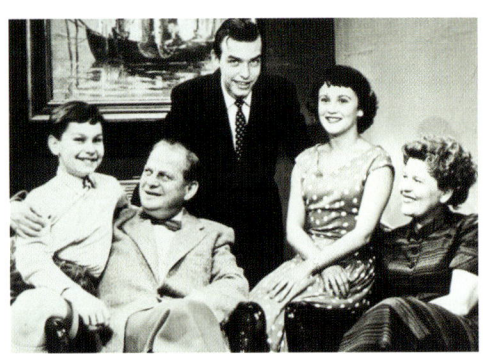

CLIFFHANGER

Die spannende Situation am Ende einer Serienfolge heißt Cliffhanger, weil in frühen Filmen der Held zum aufregenden Schluss oft an einem Felsen über dem Abgrund hing, und das Publikum mit der bangen Frage „Wird er abstürzen oder doch noch gerettet?" auf die Fortsetzung warten musste.

Wird der Held überrollt ...?

Aufatmen in der neuen Folge

PICK-UP

Die Szene, mit der die nächste Folge einer Serie beginnt, nennt man Pick-up (Aufpicker), weil sie die Geschichte dort wieder aufnimmt, wo die letzte Folge endete. Meistens wird der Held dann aus einer brenzligen Situation gerettet.

zuschauer konnten alle 14 Tage eine halbe Stunde lang Vater Schölermann, Mutter Trude und die drei Kinder Heinz, Evchen und Jockeli aus dem eigenen Wohnzimmer bei kleinen und großen Konflikten beobachten.

Das Geheimnis, das wohl hinter dem Erfolg dieser Fernsehgattung liegt, ist: Fernsehen ist eine Familienangelegenheit – und in den 50er Jahren war es das noch viel stärker, schließlich gab es höchstens ein Fernsehgerät mit einem einzigen Programm für die ganze Familie. Also lassen sich auf dem Bildschirm besonders gut solche Probleme behandeln, die vor dem Bildschirm auch vorhanden sind.

Nach 111 Folgen wurden die Schölermanns abgesetzt. Doch ihnen folgten unzählige Fernsehfamilien nach, im Hauptprogramm, im Vorabendprogramm, deutsche und internationale. Die Hauptprobleme aller Fernsehfamilien sind manchmal so zeitlos, dass man die Serien immer wiederholen kann. Da werden dann auch spätere Generationen mit ihren Mitgliedern bekannt.

Warum sind Serien so beliebt?

Das Fernsehen ist ein Medium, das von vielen seiner Nutzer Tag für Tag eingeschaltet wird. Es ist also selbst schon seriell angelegt, das heißt auf Reihung und Regelmäßigkeit. Daher ist es auch besonders für Sendungen über ein gleich bleibendes Personal geeignet, das in der Reihe seiner Tage und Abenteuer verfolgt wird. Jede Serie hat einen oder mehrere Helden, die entweder in jeder Folge abgeschlossene Abenteuer erleben, oder deren Geschichte und Erlebnisse über vie-

le, viele Folgen erzählt werden. Für das Fernsehen sind Serien kostengünstig, denn sie können verhältnismäßig billig mit festen Darstellern in gleich bleibenden Kulissen produziert werden. Sie ermöglichen auch relativ sichere Werbeeinnahmen durch die regelmäßige Sehbeteiligung der Zuschauer, die sich auf die Serie eingelassen haben.

Die Cartwrights von der Ponderosa-Ranch: Vater Ben und seine Söhne Adam, Hoss und Joe aus der Western-Serie „Bonanza"

Seit wann gibt es „Star Trek"?

An Fernsehserien kann man oft gut erkennen, wie sich die Lebensbedingungen und der Geschmack des Publikums verändern. In den 60er und 70er Jahren waren Wild-West-Serien wie „Bonanza", „Die Leute von der Shiloh Ranch" oder „Am Fuß der blauen Berge" sehr beliebt; später wurden sie von Science-Fiction- und Mystery-Serien abgelöst. Die bekannteste ist „Star Trek/Raumschiff Enterprise", seit 1964 auf den amerikanischen, von 1972 an auf den deutschen Bildschirmen. Manche Serien, wie „Dallas" oder „Miami Vice", die bei ihrer Erstausstrahlung

Kicher
Lach
Höhöhö
Hihi
Haha

Prust
Hoho
Wieher
Harr Harr

In vielen Sitcoms werden Lacher vom Tonband unterlegt, um die Wirkung der Witze zu verstärken.

sehr modern waren und viele Trends erzeugt haben, erscheinen uns heute gar nicht mehr so glamourös oder sogar unfreiwillig komisch.

„Soap" ist das englische Wort für

Woher kommt der Begriff „Seifenoper"?

Seife. Der Begriff der Seifenoper (englisch „Soap Opera") entstand in den 30er Jahren des 20. Jahrhunderts im amerikanischen Rundfunk: Der Waschmittelfabrikant Procter & Gamble baute die Werbespots für seine Seifen-Produkte in Fortsetzungsgeschichten um die Hausfrau Ma Perkins ein. Diese Geschichten waren so herzergreifend und erzählten von so großen Gefühlen, wie es sonst nur die Opern von Verdi und Wagner tun. Daily Soaps sind also täglich laufende Seifenopern. Auch heute werden in den Privatsendern zwischen die Episoden der Soaps besonders viele Werbespots geschaltet. Die Hauptfiguren werden häufig so ausgewählt, dass sich besonders viele Zuschauer in ihren Handlungen und Gefühlen wiedererkennen können. Dadurch fesseln sie die Zuschauer von Folge zu Folge. Die Fans erleben alle Ge-

fühle oft genauso intensiv mit wie die von Freunden und Klassenkameraden, sogar wie die eigenen.

Das Wort „Sitcom" setzt sich aus

Was unterscheidet Comedy und Sitcom?

„Situation" und „Komödie" zusammen. Die Darsteller geraten in komische Situationen,

aus denen sie sich meist mit Wortwitz befreien. Handlungsrahmen der lustigen Geschichten ist oft wieder die Familie. Damit sich das Publikum amüsiert, auch wenn ein Witz weniger gelungen ist, werden Lacher

Eines der großen Vorbilder jeder Sitcom und eine der internationalerfolgreichsten Serien überhaupt ist die „Bill Cosby Show".

SPIN-OFF

nennt man Serien, die sich aus besonders erfolgreichen Mehrteilern entwickeln. Nach einem eher schwachen Anfang wurden aus den Star Trek-Geschichten um Captain Kirk und seine Mannschaft inzwischen bereits vier neue, erfolgreiche Serien entwickelt. Auch ein Darsteller aus „Buffy – Im Bann der Dämonen" bekam wegen des großen Publikumserfolgs eine eigene Serie: „Angel – Jäger der Finsternis".

DAILY SOAP

Die Soap „Gute Zeiten, schlechte Zeiten" auf dem Sender RTL heißt unter ihren Fans nur „GZSZ" und hat bereits Kultcharakter. Im Gegensatz zur Sitcom, die jeden Konflikt im Gelächter auflöst, ist das Personal der Soaps unentwegt schlimmen Schicksalsschlägen, Bedrohungen und Intrigen ausgesetzt. Es geht immer um die Fragen: Wer verlässt wen? Wer kommt mit wem zusammen? Bleiben die auch zusammen? Wer betrügt wen mit wem? ...

Berühmte Krimihelden: Inspektor Columbo, Miss Marple, Leutnant Theo Kojak, und die Kommissare Rex mit Herrchen Alexander Brandtner und Horst Schimanski.

STRASSENFEGER

„Das Halstuch" wurde 1962 „Straßenfeger" genannt. Denn fünf Abende lang blieben Theater, Kinos und Kneipen leer, weil alle Leute vor den Fernsehschirmen saßen und nach dem Täter suchten.

FORMAT

Ein Format legt ein Genre, wie das Quiz, genau auf bestimmte, sich wiederholende Inhalte und Formen fest. Zuschauer auf der ganzen Welt dürfen erwarten, immer diese Inhalte und Formen zu erleben, sonst wären sie enttäuscht.

vom Tonband eingespielt, die ansteckend wirken sollen.

Der Begriff „Comedy" wird inzwischen für Formate benutzt, in denen keine zusammenhängenden Geschichten erzählt werden. Moderatoren wie Harald Schmidt und Stefan Raab machen Witze und Kabarett, Spaß-Interviews oder spielen kurze komische Szenen (Sketche) ein.

Neben den Familienserien liebt

Warum fesseln uns Krimis?

das Publikum vor allem Kriminalfilme. Und am liebsten hat es auch diese als Serien oder Mehrteiler. Das ging in den 60er Jahren mit dem Fortsetzungsfilm „Das Halstuch" des britischen Autors Francis Durbridge los. Im Ersten erreichte die Serie „Tatort" mit ihren wechselnden Kommissaren Kultstatus. Das ZDF produzierte mit „Derrick" die Serie, die in die meisten Länder der Welt

Oberinspektor Derrick, alias Horst Tappert, ermittelte zwischen 1974 und 1998 in 281 Fällen auf dem Bildschirm.

verkauft wurde – auch nach Japan und Südafrika. Die Geheimnisse des Krimi-Erfolgs: Spannung und, wie beim Quiz, die Chance zum Miträtseln.

Fernsehfilme nannte man früher

Was ist ein Fernsehfilm?

auch Fernsehspiele. Das sind Filme, die nicht für die Kinoleinwand, sondern speziell für den TV-Bildschirm gemacht werden. Durch die unterschiedliche Projektionsfläche unterscheidet sich der Kino- vom Fernsehfilm vor allem dadurch, dass es mehr Großaufnahmen von Schauspielerköpfen und weniger Totalen gibt, auf denen weite Landschaften oder ganze Straßenzüge zu sehen sind.

Oft werden Fernsehfilme von einem Sender in Auftrag gegeben. Ein Redakteur prüft das Drehbuch und betraut einen Regisseur mit der Umsetzung des Films. Manchmal werden Filme von einer privaten Firma auf eigene Rechnung produziert und dann an das Fernsehen verkauft. Oder das Fernsehen vergibt das ganze Projekt gegen einen Kostenvoranschlag an eine private Firma, die den Film dann innerhalb dieses finanziellen Rahmens herstellen muss.

Was ist der Adolf-Grimme-Preis?

Der Adolf-Grimme-Preis ist die wichtigste Auszeichnung, die in Deutschland für Fernsehsendungen vergeben wird. Er ist nach dem Generaldirektor des NWDR in der Nachkriegszeit und späteren Chef der ARD benannt und wurde 1964 zum ersten Mal vergeben. Mit dem Preis werden alljährlich Sendungen aus unterschiedlichen Programmbereichen – Fernsehspiele, Dokumentationen, Kinderfilme – gewürdigt. Neben dem Grimme-Preis gibt es viele weitere Auszeichnungen, doch keiner genießt ein so hohes Ansehen. Er ist der Oscar des deutschen Fernsehens.

Wie funktioniert ein Quiz?

In Ratesendungen wird Wissen abgeprüft, ganz ähnlich wie in der Schule beim Abfragen. Die Fragen werden ausgewertet und richtige Antworten im Fernsehen mit Preisen belohnt. Eigentlich ist das Quiz ein ungewöhnliches, untypisches Fernsehereignis, denn auf dem Bildschirm passiert optisch nur wenig – und doch raten und fiebern Millionen vor ihren Geräten mit.

Das Genre „Quiz" gibt es in vielen Abwandlungen: mit einem oder mehreren Teilnehmern, die gegeneinander antreten oder in verschiedenen Teams im Wettbewerb miteinander stehen – oder die gemeinschaftlich eine Frage lösen oder innerhalb bestimmter Zeit Aufgaben erfüllen müssen. Wenn die Kandidaten erfolgreich sind, erhalten sie Geld- oder Sachpreise.

Manchmal müssen Teilnehmer bei falschen Antworten unangenehme Aufgaben erfüllen, dann wird das Quiz zur Gameshow.

Was ist eine Talkshow?

Menschen reden vor Kameras und andere hören ihnen im Studio und vor dem Bildschirm dabei zu. Die Talkshow hieß früher „Gesprächsrunde" und drehte sich um politische und soziale Themen. Inzwischen geht es bei den Talkrunden vorwiegend um private Themen. „Daily Talks" sind keine Live-Sendungen mehr, sondern werden vorproduziert. So kann der Regisseur auch mal das Publikum inszenieren, wenn es zu wenig oder zu heftig auf die Talk-Gäste reagiert. In vielen Shows mit Publikum sind die Zuschauer Mitspieler, die auf Zeichen bestimmte Reaktionen zeigen sollen. Wenn etwa die Leuchtschrift „Applaus" eingeschaltet wird, klatschen und trampeln sie.

Moderator Stefan Raab

STAR

Fernsehstars müssen nicht unbedingt Schauspieler sein. Auch Nachrichtensprecher, Quizmaster oder Sportler haben oft viele Fans – besonders Menschen, in denen sich viele Zuschauer wiedererkennen oder deren persönliche Eigenheiten sie gut, witzig oder interessant finden. Viele Zuschauer wählen Stars zu ihren Vorbildern und können oft nicht mehr zwischen Rolle und Person unterscheiden. Ein Star kann allein durch seine Berühmtheit überzeugend für Produkte werben.

In den heutigen Daily Talks stehen private Themen und ungewöhnliche Gäste im Vordergrund.

Die erste Gesprächsrunde mit dem Titel „Der internationale Frühschoppen" drehte sich um politische Themen. Jede Woche diskutierten Journalisten aus fünf Ländern mit ihrem Gastgeber Werner Höfer bei einem Glas Wein (Schoppen).

MODERATOR

In Magazinsendungen führt der Moderator durch das Programm und spricht kommentierende und verbindende Überleitungen zwischen den Beiträgen. Moderieren heißt eigentlich mäßigen. Ein Moderator in Talkshows leitet und schlichtet Diskussionen als Gesprächsleiter.

PRIME TIME

nennt man den Zeitraum im Tagesverlauf, zu dem erfahrungsgemäß die meisten Zuschauer ihre Geräte anschalten – und die Preise für Werbeeinblendungen besonders hoch sind. Das ist die Zeit zwischen 19 und 22 Uhr.

Was ist eine Dokumentation?

Alle Programme, die wir bisher betrachtet haben, waren Unterhaltungssendungen, die ihr Publikum in spannende Situationen versetzen oder (erfundene) Geschichten erzählen. Dokumentationen gehören zu den Informationssendungen. Sie wollen in erster Linie auf anschauliche Weise Wissen vermitteln. Dokus gibt es zu allen vorstellbaren Themen: von Tiersendungen über historische Ereignisse, von interessanten naturwissenschaftlichen Phänomenen bis hin zu Untersuchungen über das Verhalten von Menschen usw. Sie informieren über Dinge oder Sachverhalte wie sie wirklich sind – oder zumindest über den aktuellen Stand der Forschung. Eine Dokumentation sollte der Wahrheit und der Wirklichkeit verpflichtet sein und ihr Thema nicht verfälschen.

Was enthält ein Fernsehmagazin?

Eine bunte Mischung aus Nachrichten, Hintergrundberichten, Kommentaren, Informationen über Kultur und Gesellschaft, Interviews und Spielen mit dem Publikum heißt im Fernsehen oft Magazin. Ursprünglich war ein Magazin eine Lagerhalle. Dann wurde das Wort für Zeitschriften mit Geschichten, Reportagen, Interviews und Fotostorys verwendet. Im Fernsehen bezeichnet es eine Sendung, in der mehrere Beiträge zu unterschiedlichen Themen von einem Moderator präsentiert werden.

Tierdokumentarfilme, wie „Jamu, der kleine Leopard" (SF) gehören zu den beliebtesten Informationssendungen.

Fernsehen für Kinder

Was bringt das Fernsehen für Kinder?

Schon 1939 strahlte der Sender Paul Nipkow in Berlin erste Fernsehsendungen aus, die speziell für Kinder bestimmt waren. Sie zeigten Kinder im Studio beim Turnen, Singen oder Spielen und übertrugen Kasperletheater, Märchenlesungen und Schattenspiele wie die berühmten Scherenschnittfilme von Lotte Reiniger. Ähnliche Programmformen aus Mitmachen, Märchen, Geschichten erzählen und Singen wurden im April 1951 wieder aufgenommen, als der NWDR unter der Leitung von Ilse Obrig ein regelmäßiges Kinderfernsehen für die Nachkriegszeit einrichtete.

Die Fernsehverantwortlichen stritten in den folgenden Jahren viel darüber, wie ein Programm für Kinder aussehen sollte. Sollte es eher unterhalten oder eher Informationen und Bildung transportieren, also pädagogisch sein? Während dieser Diskussionen kamen aus Amerika die ersten abenteuerlichen Filme mit Kinder- und Tierhelden auf den Bildschirm. Ebenfalls aus Amerika kamen die Zeichentrickfilme aus den Studios von Walt Disney und anderen. Aus der Disney-Produktion stammten auch die ersten Dokumentationen für Kinder, die komplizierte Naturvorgänge populär erklärten, z. B. die Reihe „Unser Freund – das Atom". Zu den beliebtesten Sendungen gehörten die Marionettenfilme der Augsburger Puppenkiste wie „Jim Knopf", „Die Mumins" und „Urmel aus dem Eis".

Wann gab es eine Revolution im Kinder-TV?

Zu Beginn der 70er Jahre veränderte sich die pädagogische Sichtweise. Die jungen Zuschauer wurden nicht mehr von oben, von den Erwachsenen unterrichtet und unterhalten, sondern als Fernsehpublikum entdeckt, das Lust am Lernen hat, wenn der Stoff gut aufbereitet ist. Die „Sesamstraße" sprach Kinder mit einer Mischung aus Realfilmen, Spielszenen, Trickfilmen und Puppenauftritten an und wurde damit zum Vorbild für viele Produktionen, wie der „Sendung mit der Maus", von „Löwenzahn", dem

Als die Teletubbies 1997 erstmals ausgestrahlt wurden, gab es in vielen Ländern hitzige Diskussionen zwischen Pädagogen, besorgten Eltern und Fernsehsendern. Man stritt darum, ob es sinnvoll sei, bereits Kinder ab zwei bis drei Jahren fernsehen zu lassen.

MERCHANDISING

nennt man die Vermarktung von Fan-Produkten, die aus einem Medium, wie z. B. dem Fernsehen, bekannt sind. Man nutzt dabei die Beliebtheit bestimmter Figuren für den Verkauf.

Bart Simpson

Timmy und Lassie

Pippi Langstrumpf

"Feuerroten Spielmobil", "Rappelkiste" und "Moskito".

TIERISCHE HELDEN

Feurige Pferde wie „Black Beauty" und „Fury", mutige Hunde wie „Lassie", „Rintintin" oder „Kommissar Rex" und kluge Meeressäuger wie „Flipper" begeistern seit den Anfängen des Kinderfernsehens junge (und ältere) Zuschauer auf der ganzen Welt.

Zu den ersten Kindersendungen gehörten die Scherenschnittfilme von Lotte Reiniger, die Märchen aus aller Welt erzählten, wie „Papageno", 1935.

Wer sind deine Bildschirmhelden?

Zu den Rennern bei jungen Zuschauern gehören realistisch gefilmte Serien wie „Pan Tau", „Janna" oder „Buffy". Und Verfilmungen von Büchern bekannter Autoren wie „Pippi Langstrumpf" oder „Ronja Räubertochter" von Astrid Lindgren oder „Pünktchen und Anton" von Erich Kästner. Es gibt Helden aus dem Zeichenstift, wie die Biene Maja, Benjamin Blümchen oder Pumuckl, die Simpsons und Batman. Manche Helden teilen ihr „Leben" zwischen Computerspiel, Comic und Bildschirm auf, z. B. die Teenage Mutant Ninja Turtels, Lara Croft aus „Tomb Raider" und die Figuren aus Mangas und Animen, von „Sailor Moon" bis zu den „Digimons".

Wie lange gucken Kinder fern?

Früher war das Programm für Kinder auf wenige Stunden in der Woche beschränkt, das Angebot war noch sehr klein. Meist sah die ganze Familie gemeinsam fern. Inzwischen gibt es eigene Kindersender wie Ki.KA und Super RTL, und Angebote für junge Zuschauer rund um die Uhr. Auch ganz kleine Zuschauer werden seit den „Teletubbies" angesprochen. Viele Familien besitzen inzwischen mehrere Geräte und auch im Kinderzimmer steht oft ein Apparat. So toll die vielen Angebote sind, wächst damit auch die Gefahr, dass Kinder manchmal zu viel Zeit vor der Mattscheibe verbringen und sich vor Problemen oder Langeweile in die bunten Traumwelten auf dem Bildschirm flüchten.

Flipper und sein Freund Sandy

Bei allem Spaß und bei aller Lernfreude, die Kindersendungen bereiten, darf man zudem eines nicht vergessen: Es geht den Sendern häufig auch um Einschaltquoten, um Werbeeinnahmen und um den Verkauf der Fan-Produkte.

Die Stars aus der Augsburger Puppenkiste

Peter Lustig (ZDF)

Käpt'n Blaubär (ARD, WDR)

Nesthäkchen (ZDF)

Wie eine Fernsehsendung entsteht

Wo liegt die „Linden- straße"?

In welcher Stadt liegt die Linden- straße? Nicht ir- gendeine Linden- straße, sondern die berühmteste Lindenstraße Deutschlands, die aus der Fernsehserie? Na klar, in München. Das weiß doch jeder, der diesen Dauerbren- ner schon mal ge- sehen hat. Und wer hat das nicht. Schließ- lich läuft die Serie seit 1985 an jedem Sonntag um 18.40 Uhr.

Wer jetzt tatsächlich auf Mün- chen gewettet hat, der hat seinen Einsatz verloren. Denn die „Linden- straße" liegt in Köln, in einem Stadt- teil namens Bocklemünd. Allerdings nicht unter freiem Himmel, sondern unter dem Studiodach des West- deutschen Rundfunks (WDR). Hier liegen alle Wohnungen, wie in einer riesigen Puppenstube, dicht an dicht aneinander. Keiner der Räume hat eine Decke, stattdessen ragen mächtige Schein-

REDAKTEUR

Redakteure sind Angestell- te eines Fernsehsenders, die für einen bestimmten Programmbereich – z. B. Nachrichten oder Kinder- sendungen – zuständig sind.

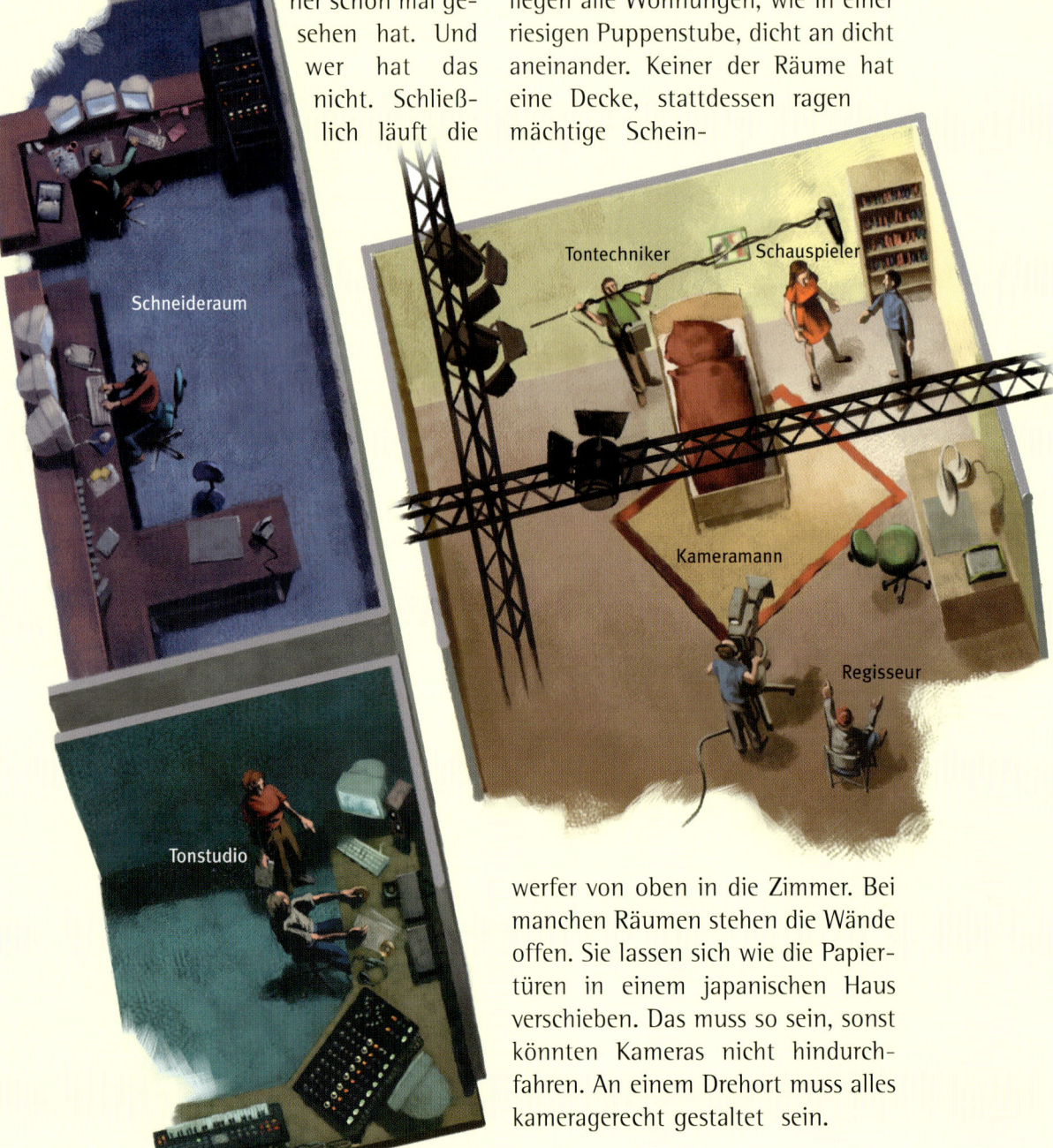

Schneideraum

Tontechniker   Schauspieler

Kameramann

Regisseur

Tonstudio

werfer von oben in die Zimmer. Bei manchen Räumen stehen die Wände offen. Sie lassen sich wie die Papier- türen in einem japanischen Haus verschieben. Das muss so sein, sonst könnten Kameras nicht hindurch- fahren. An einem Drehort muss alles kameragerecht gestaltet sein.

Requisite

Im Kostümfundus werden Kleidungsstücke aus allen Epochen und für jede Gelegenheit aufbewahrt.

Kostüm-
fundus

Für aufwändige Masken müssen die Schauspieler oft viele Stunden lang geschminkt werden.

Techniker und Requisiteure bereiten das Studio vor.

Licht-
einrichtung

Maske

Drehbuchautoren

Produzent

Redakteur

Die richtige Beleuchtung ist bei Studioszenen sehr wichtig. Über dem ganzen Set der RTL-Soap „Unter uns" sind Strahler und Blenden installiert.

Bevor eine neue Folge der „Lindenstraße" gedreht wird, finden regelmäßig Sitzungen des Produktionsstabs der Serie statt.

Wer entscheidet, was in einer Folge passiert?

Das Wort führt der Produzent. Er ist der Chef der Firma, die die „Lindenstraße" herstellt. Alle, die zum Produktionsteam gehören, werden zunächst einmal von ihm bezahlt.

Der Produzent diskutiert die neue Folge mit der zuständigen Redakteurin des Senders. Das ist seine Auftraggeberin, denn sie vertritt den Westdeutschen Rundfunk, der die „Lindenstraße" ausstrahlt. Zwischen Redakteurin und Produzent wird der Verlauf der vielen Geschichten abgestimmt, die in der „Lindenstraße" passieren.

Einmal im Jahr setzt sich der Produzent außerdem ein paar Tage lang mit seinen Drehbuchautoren zusammen. Gemeinsam legen sie fest, wie die Handlung im kommenden Jahr weitergehen soll: Welche Schicksalsschläge welche Figur ereilen, wer sich in wen verliebt, wer wen verlässt usw. Diesen groben Handlungsverlauf nennt man „Storyline". Er wird von den Autoren der einzelnen Folgen dann genauer aus-

geführt. Wenn die Redakteurin jedoch mit der Entwicklung der Handlung nicht einverstanden ist oder verlangt, dass eine Figur aus der Serie „hinausgeschrieben" wird, weil sie beim Publikum nicht ankommt, müssen Produzent und Autoren die Storyline ändern. Erst wenn die Redakteurin mit einer Folge einverstanden ist, bekommt der Produzent sein Geld vom Sender und die Folge darf gezeigt werden.

Was steht in einem Drehbuch?

Ein Drehbuchautor hat die Aufgabe, eine Handlung in Szenen und Dialogen, also Gesprächen, zu beschreiben.

Drehbücher entstehen meist in mehreren Schritten. Zuerst gibt es ein Exposé, einen Entwurf der Geschichte. Sie wird dann im Treatment oder als Storyline genauer umrissen. Das endgültige Drehbuch enthält den genauen Dialog, den die Schauspieler lernen müssen. Es legt außerdem die Reihenfolge der Handlungsorte und Kameraeinstellungen fest und gibt genaue Angaben für die Kameraführung. Das Drehbuch ist die Grundlage für die finanzielle Kalkulation, den Drehplan und für den Schnitt eines Films oder einer Fernsehsendung.

Wie wird das Studio vorbereitet?

Früh am Morgen füllen sich die Räume mit Leben. Zuerst kommen Techniker und richten die Zimmer her, in denen heute gedreht wird. Die Zimmer sind von Bühnenbildnern so entworfen worden, dass sie zum Typ und zum Geschmack der Serienfigur passen.

ANGEL

Angeln nennt man die Gestänge, an denen die Mikrofone während der Dialoge über den Köpfen der Schauspieler baumeln. Sie fangen den Ton ein. Die Tontechniker müssen vor Drehbeginn ausprobieren, wo sie während der Aufnahmen am günstigsten stehen können, ohne selbst gefilmt zu werden.

Manche Aufnahmen, wie hier eine „Tatort"-Szene, werden an geeigneten Außendrehorten, etwa einem alten Fabrikgelände, gefilmt.

SZENE

Eine Szene ist die Handlungseinheit in einem Film oder Fernsehspiel, im Grunde das, was zwischen dem Aufblenden der Kamera und ihrem Abschalten geschieht. Eine Folge von Szenen, die in einem Handlungszusammenhang stehen (also z. B. in einem Zimmer spielen), nennt man Sequenz.

Requisiteure legen die Gegenstände bereit, die die Schauspieler später in ihren Szenen brauchen. Zu den Requisiten gehören z. B. Kleiderstapel, die in einem Zimmer herumliegen, alle Kochutensilien, die Frau Beimer für ihre Rühreier benötigt und vieles mehr. Zu den Aufgaben eines Requisiteurs gehört es auch, die passenden Gegenstände zu beschaffen. Manche der Requisiten sind echt, z. B. ein Apfel, in den die Darsteller beißen müssen. Andere sehen nur echt aus, wie die Wasserhähne im Badezimmer und in der Küche. Werden sie gebraucht, müssen sie zuerst an Schläuche angeschlossen werden. Sonst bleiben sie trocken.

aus, wo sie während der Aufnahmen am günstigsten stehen und die Angeln halten können, ohne von der Kamera gefilmt zu werden.

Zwischen Aufnahme und Sendung vergehen bei Serienproduktionen oft mehrere Monate. Das kann zu Schwierigkeiten führen, wenn etwa Weihnachtsszenen schon im Herbst aufgenommen werden. Um sich vom Wetter unabhängig zu machen, greifen die Fernsehmacher gern zu Tricks. Will man etwa an einem strahlenden Sonnentag eine triste Regenszene drehen,

Wie regnet es bei Sonnenschein?

Bei anderen Produktionen wird eine Scheinwelt im Studio aufgebaut. Etwa Kulissen eines Innenraums, z. B. einer Küche …

… oder ganze Häuserfassaden für eine stimmungsvolle Westernatmosphäre.

SET

nennt man in der Fachsprache den Drehort eines Films, egal ob im Studio oder im Freien. Es ist der mit Kulissen gebaute und mit Requisiten ausgestattete Schauplatz, an dem die Schauspieler von der Kamera aufgenommen werden.

Beleuchter richten ein Grundlicht ein. Sie müssen darauf achten, dass alles gut ausgeleuchtet ist und später in den Aufnahmen dennoch natürlich wirkt. Mit Farbfolien vor den Scheinwerfern wird zu grelles Licht gedämpft, damit die Pickel oder müden Augen der Darsteller nicht zu sehr auffallen und sie nicht zu blass aussehen.

Im Studio probieren Tontechniker

wird am Außenset des Studios ein so genannter Regenkopf aufgebaut. Das ist eine Art Dusche, die von der Seite Wasser auf die Darsteller sprüht. Der Wasserdruck kann von leichten Schauern bis zum Wolkenbruch verändert werden. In Weihnachtsszenen wird oft Salz als Schnee ausgegeben, weil das sogar wie echter Schnee knirscht, wenn man darauf tritt.

Halbnah

Halbtotale

Amerikanische

Totale

Großaufnahme

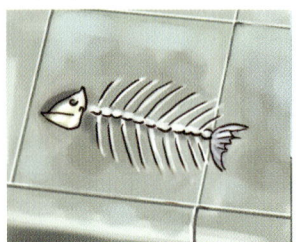

Detail

Um bewegte Szenen zu filmen, werden Kameras für eine Kamerafahrt auf Schienen gesetzt.

Kameras, die Aufnahmegeräte für Film und Fernsehen, können Bilder auf verschiedene Weise verarbeiten. Beim Film werden Zelluloidnegative belichtet, beim Fernsehen werden Bilder meist auf einem Magnetband gespeichert. Eine dritte Möglichkeit besteht beim Fernsehen darin, die Aufnahmen aus der Kamera direkt an die Fernsehempfänger zu senden, z. B. bei Live-Übertragungen.

Eine Kamera kann verschiedene Bewegungen durchführen. Sie kann sich um ihre eigene Achse drehen, das nennt man Schwenken. Sie kann ihren Standpunkt verändern, indem sie sich Gegenständen nähert (in der Fachsprache heißt das Zufahrt) oder sich von ihnen entfernt (Rückfahrt). Dabei wird die Kamera entweder auf einem Gestell namens Steadycam getragen, das Erschütterungen verhindert, damit die Aufnahmen nicht verwackelt werden. Oder sie fährt auf extra dafür ausgelegten Schienen (Kamerafahrt).

Kameras können Gegenstände oder ein Geschehen gleitend von der Weitwinkelperspektive bis zur Großaufnahme zeigen, also von einer großen Entfernung ganz nah an einen Bildausschnitt herangehen. Das funktioniert technisch durch eine stufenlose Veränderung der Brennweiten im Linsensystem der Kamera (vom Weitwinkel bis zum Teleobjektiv). Dieser Vorgang heißt Zoomen. Die verschiedenen Einstellungen und Bildausschnitte werden alle mit einem eigenen Fachbegriff bezeichnet (Beispiele siehe links).

CASTING

Das englische Wort Casting bedeutet „auswählen, aussieben". Wenn eine neue Rolle besetzt werden muss, wenden sich Produktionsteams häufig an Agenturen. Diese wählen Schauspieler aus ihren Karteien aus und schicken sie zum Vorsprechen oder Casting.

Dort spielen die Bewerber Szenen vor, manchmal werden auch Probeaufnahmen gemacht. Am Ende entscheiden Regisseur und Produktionsleiter, wer neu in eine Serie einsteigt.

Studiokamera

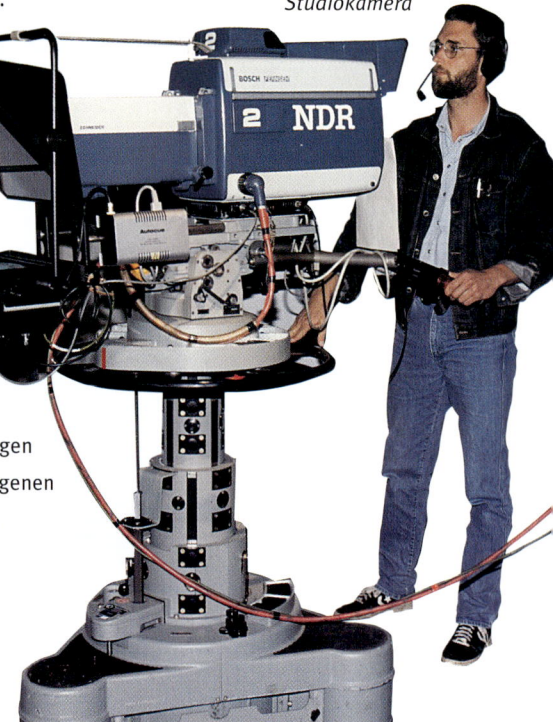

Inzwischen sind auch die eigentlichen Hauptpersonen am Drehort eingetroffen: die Schauspieler. Schauspieler müssen

Wie wird man Schauspieler?

das Talent haben, unterschiedlichste Figuren und Typen – von komisch bis tragisch – glaubwürdig zu verkörpern. Sie sollten dialektfrei, laut und deutlich sprechen können. In privaten oder staatlichen Schauspielschulen kannst du dich zum Beruf des Schauspielers ausbilden lassen. Auch erfahrene Schauspieler geben lernwilligen „Eleven" (also Jungdarstellern) manchmal privaten Unterricht. Zu den Unterrichtsfächern gehören z. B. Sprecherziehung, Fechten und Tanz. Die Ausbildung wird mit einer staatlichen Prüfung abgeschlossen. Danach vertrauen viele Jungdarsteller ihre weitere Karriere professionellen Agenturen an. Cosima Viola spielt seit Folge 808 das Straßenkind Jack in der „Lindenstraße". Die Nachwuchsschauspielerin wurde bei einem Casting nach Probeaufnahmen für die Rolle ausgewählt.

Die Agenturen vermitteln Vorsprechtermine und versuchen die Schauspieler an Theatern, bei Filmproduktionen oder Fernsehsendern unterzubringen. Manche Schauspieler spezialisieren sich auf bestimmte Rollenfächer. Sie spielen Helden, chaotische Typen oder Bösewichte.

Ein Spezialgebiet sind Stunts. Stuntmen haben meist keine klassische Schauspielausbildung, sondern besonders gute sportliche und artistische Fähigkeiten. Ein Stuntman

KOMPARSEN

Wenn du einmal in einem Film mitspielen möchtest, kannst du dich bei Komparsenagenturen bewerben. Komparsen oder Statisten sind Darsteller mit kleinen Rollen ohne eigenen Text, die als Passanten in einer Straßenszene, als Kneipenbesucher oder in einer Massenszene häufig gebraucht werden.

In der 1994 im Ersten gestarteten Serie „Marienhof" haben bis zum Jahr 2000 allein 85 Hauptdarsteller, 500 Nebendarsteller und 20 000 Komparsen mitgewirkt.

übernimmt in gefährlichen Situationen die Rolle des wirklichen Schauspielers, lässt sich etwa in Unfallszenen von Autos durch die Luft schleudern oder springt vom Hubschrauber auf ein brennendes Hausdach.

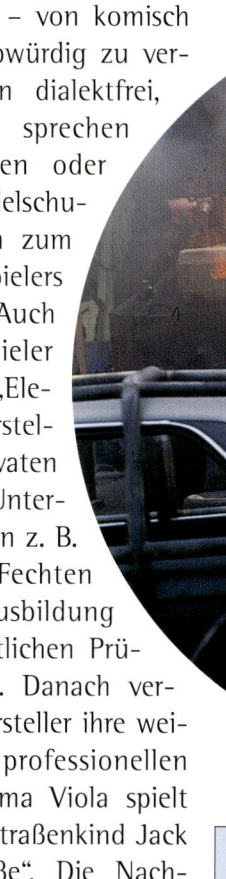

Ein Stuntman mit Spezialausrüstung mimt einen brennenden Gangster.

Bevor eine Szene gedreht wird, müssen die Darsteller in die Maske. Die Maske (oder Maskenbildnerei) war im antiken Theater ursprünglich der Ort, an dem die Masken zur Verkleidung der Darsteller hergestellt wurden.

Was passiert in der Maske?

Im Fernsehen tragen Schauspieler nur selten richtige Masken. Aber sie müssen für ihre Rollen kameragerecht geschminkt werden: Sie werden dezent abgepudert, damit ihre Haut nicht glänzt. Ihre Frisuren werden hergerichtet oder mit Haarteilen und Perücken verändert. Die Maskenbildner und Maskenbildnerinnen,

die dort arbeiten, haben meist eine Ausbildung als Friseur oder Kosmetiker und können z. B. Wunden oder Narben schminken oder sogar Aliens aus den Darstellern machen.

Für die Schauspieler ist die Maske der letzte Ort der Entspannung, bevor sie ihre Rollen spielen müssen. Von hier aus geht es unmittelbar vor die Kamera und vor die kritischen Augen des Regisseurs.

Was macht der Regisseur?

Ein Regisseur kann beim Fernsehen verschiedene Aufgaben haben. Bei einer Serie wie der „Lindenstraße" ist seine Tätigkeit sehr vielfältig. Er legt fest, welche Positionen die Kameras einnehmen, wie die Darsteller ihre Rollen anlegen, wo sie stehen, wie die Lichtverhältnisse sind, in welcher Kulisse die Handlung spielt und in welchen Abständen die Einstellungen der Kameras wechseln. Er probt mit den Schauspielern und entscheidet, welche Kameraeinstellung gewählt wird. Er bestimmt auch, wie lange eine Einstellung dauert und wie viele Kamerabewegungen in einer Szene eingesetzt werden.

Im Wesentlichen legt also der Regisseur fest, wie die fertige Szene später einmal aussehen soll. Er inszeniert das Geschehen einer Folge, er setzt es in Szene. Er ist für das gesamte künstlerische Konzept zuständig und arbeitet mit allen technischen Mitarbeitern zusammen.

Wenn das Filmmaterial fertig ist, beginnt die Arbeit im Schneideraum. Ein Cutter schneidet die Szenen in die richtige zeitliche Abfolge. Denn die einzelnen Szenen wurden ja nicht in genau der Reihenfolge aufgenommen, in der sie später im Film erscheinen. So dreht man z. B. alle Außenaufnahmen gemeinsam, ganz gleich, an welcher Stelle im Film sie später auftauchen. Viele Szenen werden ein paarmal wiederholt, weil Fehler passierten.

Was mixt die Bildmischerin?

Sind die Bilder auf Magnetband aufgezeichnet, tritt die Bildmischerin an die Stelle des Cutters. Sie sitzt an einem großen Pult mit vielen Bildschirmen, Knöpfen und Schiebereglern. Zusammen mit dem Regisseur sucht die Bildmischerin die beste Szene heraus und erstellt den Feinschnitt. Sie fügt den Film auf

SCHNITT

Das Wort „Schneiden" kommt vom Kinofilm, bei dem der Zelluloidstreifen tatsächlich auseinander geschnitten und neu zusammengesetzt wird.

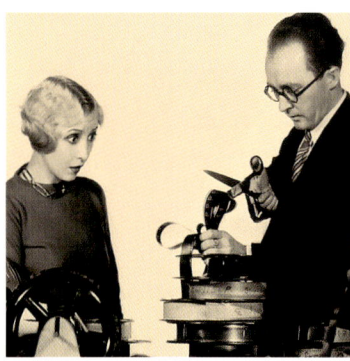

Früher wurden Filmrollen noch per Hand geschnitten und die passenden Ausschnitte aneinander geklebt. Heute übernehmen das Maschinen.

Wenn die Szene abgedreht ist, können schlimme Verbrennungen wieder abgezogen werden – sie waren nur eine Latexmaske.

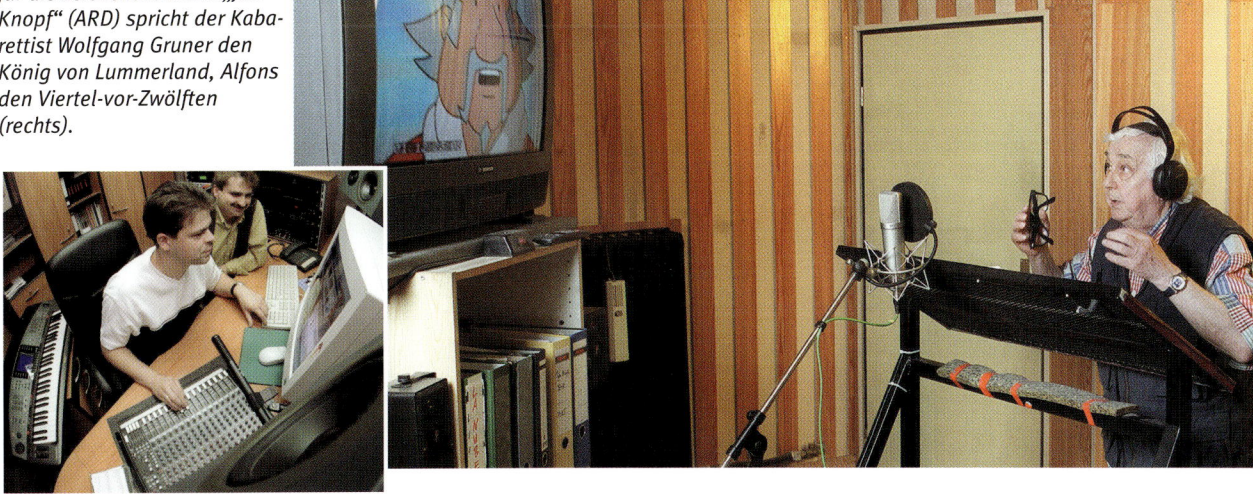

Im Tonstudio werden Filmszenen mit Musik und anderen Geräuschen unterlegt (links). Bei den Synchronaufnahmen für die Zeichentrickserie „Jim Knopf" (ARD) spricht der Kabarettist Wolfgang Gruner den König von Lummerland, Alfons den Viertel-vor-Zwölften (rechts).

ANSCHLUSSFEHLER

Beim Drehen werden oft Szenen, die im Film aufeinander folgen, an verschiedenen Tagen gefilmt. Deshalb müssen alle im Team darauf achten, dass Requisiten und Kulissen genauso aussehen wie am Vortag, dass die Schauspieler die gleiche Kleidung tragen und genauso geschminkt und frisiert sind. Denn die Zuschauer würden natürlich bemerken, wenn sich Mutter Beimers gepflegte Dauerwellen in einer Szene plötzlich in wirre Strähnen verwandeln würden, nur durch einen Schnitt. Oder wenn ein Darsteller, der gerade noch einen langärmligen Pullover trug, plötzlich im T-Shirt dastünde. So etwas nennt man Anschlussfehler.

elektrischem Band (MAZ) so zusammen, wie ihn die Zuschauer drei Monate später sehen werden. So viel Zeit vergeht nämlich zwischen der Aufnahme und der Sendung einer „Lindenstraße"-Folge.

In jedem Fernsehsender arbeiten Musikredakteure. Sie kennen sich mit allen Musikrichtungen von Klassik bis Crossover gut aus. Sie wählen Jingles (Erkennungsmelodien) aus oder suchen im Tonarchiv nach Melodien, die gut zu den Stimmungen oder Aussagen bestimmter Programme passen und die Bilder untermalen können. Sie vergeben auch Aufträge an freischaffende Komponisten. Die Musik zur „Lindenstraße" und zu vielen anderen Fernsehserien wird von Komponisten geschrieben.

Auch alle anderen Geräusche wie Tierlaute, Motorenbrummen, Türknallen usw. kommen von CDs.

Wie kommen die Geräusche in eine Sendung?

Manchmal werden die Dialoge und begleitenden Geräusche auch so gesendet, wie sie beim Dreh aufgenommen wurden; das nennt man O-Ton (Original-Ton). Eine spezielle Arbeit der Tonabteilung beim Fernsehen ist die Synchronisation von Filmen in fremden Sprachen. Dabei sprechen Schauspieler den übersetzten deutschen Text, während der Film im Studio läuft. Sie bemühen sich, ihren Text mit den Mundbewegungen der Originalschauspieler oder von Trickfiguren zu „synchronisieren", also übereinstimmend zu machen.

Eine Folge der „Lindenstraße" kostet etwa 175 000 Euro.

Noch immer ist die „Tagesschau" die Nachrichtensendung, der die Fernsehzuschauer am meisten vertrauen.

Das Erkennungslogo aus der Anfangszeit der „Tagesschau"

So wird die Tagesschau produziert

Wenn die Folgen der „Lindenstraße" auf den Bildschirm kommen, sind sie längst abgedreht und fertig gestellt. Die „Tagesschau" dagegen geht im ersten Programm seit dem 1. Oktober 1956 täglich, wenn nicht höhere Gewalt oder wichtige Ereignisse das verhindern, um 20 Uhr live auf Sendung. Auch wenn sich durch die Zunahme der Sender die Sehgewohnheiten verändert haben, ist die „Tagesschau" immer noch die Nachrichtensendung, der das Publikum am meisten vertraut. Wie kommt sie zustande?

Wenn die Erkennungsmelodie der „Tagesschau" verklungen ist, geht im Studio an einer von drei Kameras (der so genannten Führungskamera) ein rotes Licht an. Sie nimmt den Nachrichtensprecher auf, der an diesem Abend Dienst

Was passiert am Regiepult?

hat. Die Aufnahmegeräte werden automatisch von der Regiezentrale aus gesteuert. Sie bewegen sich nicht, liefern aber drei unterschiedliche Ansichten des Sprechers. Diese Ansichten sieht der Regisseur im Regieraum auf den Bildschirmen seines Mischpults. Er sucht aus mehreren Bildangeboten der Kameras eines aus und verändert diese Auswahl im Lauf der Sendung, startet einen vorher aufgenommenen Reportagebeitrag oder spielt ein Interview ein.

In der Regiezentrale wird eine Auswahl aus verschiedenen Kameraperspektiven getroffen.

TELEPROMPTER

Nachrichtensprecher haben zwar ihren Text auf Blättern vor sich liegen, doch oft scheinen sie ganz frei lange Passagen vorzutragen – und das ohne Versprecher. Haben sie denn ein so gutes Gedächtnis? Nein, sie benutzen einen Teleprompter. Mit dem Teleprompter wird der Text, der gesprochen werden muss, auf einen einseitig durchlässigen Spiegel vor dem Kameraobjektiv projiziert. Ein Sprecher oder Moderator kann dann direkt in die Kamera schauen und den vorbereiteten Text – für die Zuschauer unsichtbar – ablesen.

Im Studio sitzt ein Nachrichtensprecher vor einer leeren blauen Wand. Zugleich sieht das Fernsehpublikum in seinem Rücken aber ein Bild, z. B. eine Landkarte oder ein Foto. Das Bild, das die soeben verlesene Nachricht optisch unterstützt, wird ebenfalls aus der Regie zugespielt. Durch das Blue Screen-Verfahren sieht es so aus, als säße der Sprecher unmittelbar vor diesem Bild. Das Verfahren ermöglicht es, Vorder- und Hintergrund getrennt aufzunehmen und wieder zu kombinieren. Der Umriss des Sprechers wird elektronisch aus dem Gesamtbild des Hintergrunds herausgestanzt – er darf nur keine blaue Kleidung tragen. Die Wetterkarten werden ebenfalls auf diese

Thomas Bucheli ist der Wettermann in „Meteo" im Schweizer Fernsehen.

Weise eingespielt. Mit der Blue Screen arbeiten auch viele Spiel- und Fernsehfilme.

NACHRICHTENAGENTUREN, wie die Deutsche Presse Agentur (dpa), sind Unternehmen, die mit schnellsten Beförderungsmitteln Nachrichten sammeln, sichten, formulieren und an feste Bezieher weiterliefern. Im Grunde treffen sie die entscheidende Vorauswahl über das, worüber Zeitungsleser, Radiohörer, Fernsehzuschauer und Internetnutzer informiert werden.

Der ARD-Korrespondent Thomas Roth berichtet regelmäßig aus Moskau.

Wie entstehen Nachrichten?

Die Nachrichten, die um 20 Uhr gesendet werden, sind den gesamten Tag über von verschiedenen Nachrichtenagenturen in die Redaktion der „Tagesschau" geliefert worden. Diese Agenturen sind von der Redaktion abonniert, d. h. sie schicken ihre Nachrichten regelmäßig. Die Agenturen beliefern auch alle anderen Sender und die Tageszeitungen. Über einen Newsticker laufen die Nachrichten ein. Dazu werden Fotos übermittelt.

Zusätzlich zu den Agenturen bekommt die Redaktion Informationen über wichtige Ereignisse von den Korrespondenten der ARD. Das sind Journalisten, die im Auftrag des Ersten mit ihren Kamerateams an allen wichtigen Plätzen auf dem Globus recherchieren und versuchen, an exklusive Informationen für ihren Auftraggeber zu kommen – also Informationen, die andere Agenturen nicht haben. Diese Korrespondenten werden in der „Tagesschau" oft aus den Brennpunkten des Weltgeschehens zugeschaltet und kommentieren wichtige Ereignisse vor Ort. Ihre Beiträge senden sie über Satelliten.

Die Aufgabe der „Tagesschau"-Redaktion ist es, aus den vielen Nachrichten die wichtigsten auszuwählen und sie in eine Reihenfolge zu stellen. Diese Reihenfolge ist meistens „gewichtet": Die erste oder Spitzenmeldung ist die mit der größten Bedeutung. Ebenso gehört es zu den Aufgaben der Redaktion, die Nachrichten kurz, verständlich, genau und möglichst ohne politische Tendenz oder eigene Wertungen zu formulieren. Ein ganzer Tag muss in nur 15 Minuten zusammengefasst werden. Dazu ist es nötig, eine Fülle von Filmmaterial zu sichten und informativ zusammenzufügen. In der „Tagesschau" ist ein Film durchschnittlich zwischen 45 und 90 Sekunden lang. Oft muss alles in letzter Minute vorbereitet oder geändert werden – wenn wichtige Ereignisse kurz vor Sendebeginn eintreten.

Übertragungswagen können direkt an den Ort eines Geschehens fahren und die Aufnahmen per Satelliten übermitteln.

Zum Beispiel ... Mediengestalter/in

Wie wird man Mediengestalter/in?

Wenn Cornelia einem Mikrofon die Katze überstreift, macht sie sich dabei nicht der Tierquälerei schuldig. Das gehört vielmehr zu ihrer Ausbildung. Cornelia lernt bei einem lokalen Fernsehsender den Beruf der Mediengestalterin Bild und Ton. Wenn es bei einem Drehtermin stürmisch wird, muss sie dem Mikrofon einen zottigen Windschutz verpassen. Den nennen die Fernsehleute in ihrem Fachjargon Katze oder auch Pudel.

Cornelia ist oft bei einem Dreh. Ihre Ausrüstung, die 40 bis 50 Kilo wiegt, schleppt sie zu Pressekonferenzen, Fußballspielen, Unfällen oder Rockkonzerten. Der Lokalsender, bei dem sie den praktischen Teil ihrer Ausbildung macht, berichtet täglich eine halbe Stunde über die Nürnberger Region.

Wenn Cornelia ins Studio kommt, schaut sie zuerst auf die Pinnwand mit den Terminen des Tages. Der Dienst habende Redakteur hat schon eine Auswahl getroffen, worüber der Sender berichten wird. Dann verteilt er die Termine auf die einzelnen Aufnahmeteams. Das Team, bei dem Cornelia die Kamera bedient, muss zuerst eine Pressekonferenz von Umweltschützern aufnehmen. Danach sollen in der Stadt Menschen nach ihrer Meinung über einen neuen Modetrend befragt werden.

Die Pressekonferenz findet in einem Lokal statt. Dort baut Cornelia ihre Kamera auf, prüft die Licht- und Tonverhältnisse, bespricht sich mit dem Tontechniker. Der Redakteur kümmert sich um die inhaltlichen Fragen. Er wird später die Aufnahmen auf die Kernaussagen der Umweltschützer verdichten und das meiste, was Cornelia filmt, wird er wegschneiden. Die Pressekonferenz ist ein Routinejob für die angehende Mediengestalterin. Die Umfrage auf den Straßen macht ihr mehr Spaß. Diesen Termin kann sie bereits allein wahrnehmen und die Passanten selbst befragen. Sie muss dabei auf die wechselnden Lichtverhältnisse achten. Für die Tonaufnahmen spielen Wind und Straßengeräusche eine

BERUFSANFORDERUNGEN

Der neue Beruf des Mediengestalters – es gibt ihn erst seit 1998 – geht über die klassische Tätigkeit eines Kameramanns hinaus. Der ist nur für sein Gerät und für die Lichtsetzung in einer Szene oder Situation zuständig. Der Mediengestalter Bild und Ton wird dagegen für den gesamten Bereich der Herstellung und Verarbeitung von audiovisuellem Material ausgebildet. Voraussetzung ist der Hauptschulabschluss.

LOKALSENDER

Private Fernsehanstalten, die nur in einem begrenzten Gebiet zu empfangen sind und Sendungen über diese Region anbieten, werden Lokalsender genannt. Sie berichten über Ereignisse, die vor allem für die Region wichtig sind, über politische, sportliche oder kulturelle und tagesaktuelle Ereignisse aus der Umgebung. Sie finanzieren sich hauptsächlich aus Werbung für örtliche Geschäfte und Unternehmen.

Cornelia bei einem Interview mit einem Mikrofon mit Windschutz. Fernsehleute nennen das Pudel oder Katze.

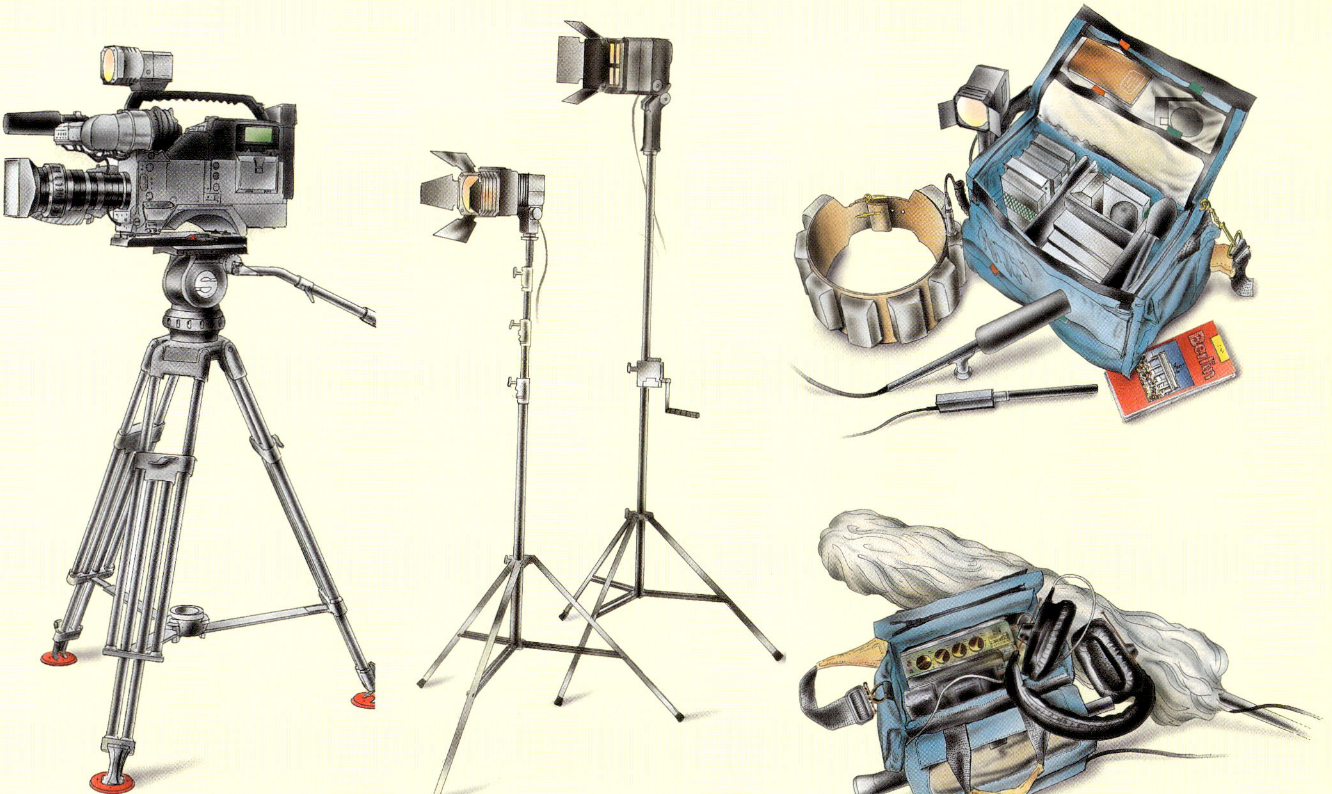

Cornelias Ausrüstung – mit Kamera, Stativ, einer Handlampe, einem Gurt für Akkus, verschiedenen Mikrofonen, einem Lichtkoffer mit Scheinwerfern und einem Stadtplan, um zum Ziel zu finden.

Bei vielen Fernsehsendern kann man die Arbeit in Medienberufen als Praktikant kennen lernen. Oft findest du Stellenangebote auf den Internetseiten der einzelnen Sender.

JOBS

Informationen über Arbeitsfelder sowie Aus- und Weiterbildungen zu vielen Medienberufen findest du im medien-informations-archiv mia im Internet unter http://www.aim-mia.de.

Rolle. Daher muss die Technik immer neu angepasst und ausgesteuert werden. Im Studio schneidet Cornelia ihren Beitrag und wählt die passende Musikuntermalung im Tonarchiv aus. Der Redakteur nimmt den fertigen Beitrag später ab: Er überprüft, ob er eine Ausstrahlung verantworten kann, ob niemand beleidigt oder in ein schlechtes Bild gesetzt wird. Wenn er seine Zustimmung gegeben hat, geht Cornelias Bericht am Abend auf Sendung.

Cornelia lernt in ihrer Ausbildung nicht nur den Umgang mit der Kamera und Scheinwerfern, sondern auch, wie man eine Tonaufnahme auspegelt und Störgeräusche herausfiltert. Oder wie man am Mischpult aus einer halben Stunde Bild- und Tonmaterial einen sendefertigen Beitrag montiert.

Was gehört alles zur Ausbildung?

Ein Großteil ihrer Ausbildung vollzieht sich in der Praxis. Doch ganz ohne Theorie geht es nicht. Cornelia besucht zwei Schulen: eine Berufsschule im Zweig Elektrotechnik, wo sie das nötige technische Wissen bekommt, und eine Fachschule für Fernseh- und Filmgestaltung, in der sie vieles über die Geschichte der audiovisuellen Medien, über die psychologische Wirkung bestimmter Lichteffekte usw. lernt.

Am Ende ihrer dreijährigen Lehrzeit muss Cornelia eine Prüfung ablegen. Sie besteht aus einem Abschlussfilm mit frei wählbarem Thema von vier Minuten Länge, und schriftlichen Tests in den Fächern Sozialkunde, Gestaltung Bild und Ton, Bild- und Tontechnik, Organisation und Arbeitsplanung. Dazu kommt die Lösung praktischer Aufgaben wie Kameraaufbau oder Tonschnitt.

Aber noch denkt sie daran nicht. Der nächste Termin drängt.

Die Zukunft des Fernsehens

Unser Umgang mit dem Fernsehen hat sich durch zwei Erfindungen verändert: durch die Fernbedienung und durch den Videorekorder. Die Fernbedienung übermittelt mit Infrarot-Technik ohne Kabelverbindung Schaltsignale aus der Entfernung an das Fernsehgerät. Damit können wir bequem die Sender wechseln. Beim Zapping stellen wir unser eigenes Programm zusammen. Zur Unabhängigkeit des Zuschauers trägt auch der Videorekorder bei. Im Prinzip ist er eine Mischung aus einer handlichen MAZ und einem Empfangsgerät. Er wird zwischen Antenne oder Kabelausgang und TV-Gerät geschaltet und speichert Sendungen auf Magnetband. Die sind zu jeder beliebigen Zeit abrufbar – und man kann sie ohne Werbepausen genießen.

Was bewirkt Zappen?

Wie wird sich das Fernsehen weiterentwickeln?

Noch mehr Freiheit wird die bevorstehende Digitalisierung des Fernsehens dem Zuschauer bringen. Mit dieser Methode können Datenpakete noch kleiner verpackt und verschickt werden, wodurch Platz für viele weitere Kanäle und verbesserte Angebote geschaffen wird. Die digitale Kompression ermöglicht es auch, Bild- und Tonqualität weiter zu verbessern.

Durch dieses Verfahren stehen uns Zuschauern vielleicht bald nicht mehr nur Empfangskanäle, sondern auch Rückkanäle zur Verfügung. Dann könnten wir interaktiv in Programmbeiträge eingreifen, und so selbst beim Fernsehen aktiv werden. Möglicherweise werden wir in der Zukunft selbst Autoren und Regisseure unserer Lieblingssendungen.

Fernsehen im kleinen Rahmen

ZAPPEN

war ursprünglich ein Comic-Wort für das Schussgeräusch einer Strahlenpistole und bezeichnet heute das Hin- und Herschalten zwischen Fernsehkanälen mit der Fernbedienung.

ON DEMAND

Manche kommerziellen Sender bieten Fernsehen nach Bedarf, on demand, an. Dabei kann man aus dem Angebot des Senders Spielfilme bestellen, die gegen Bezahlung freigeschaltet werden – ähnlich wie beim Ausleihen einer Videokassette, nur bequemer von zu Hause aus.

DIGITALISIERUNG

und Tonschwingungen in Päckchen aus Kombinationen von 0 und 1 zerlegt. Elektrisch entsprechen sie einer Abfolge von Spannung (1) oder Nichtspannung (0), von Lichtblitz (1) oder Dunkelheit (0). Im Grunde ist digitale Komprimierung nichts anderes als ein neuer „Morse-Code" für Sprache und Bild. Im Fernsehempfänger werden die Nullen und Einsen wieder zu Bildern und Tönen „entpackt", z. B. für eine Szene mit Kermit und dem Krümelmonster.

Wir haben zwei Verpackungsformen zum Versenden der Programme kennen gelernt: elektromagnetische Wellen (auf dem Funkweg) oder Lichtblitze (im Glasfaserkabel). Beide Methoden nutzt die Digitalisierung, mit der man Informationen aller Art noch stärker bündeln kann. Dazu werden alle Bildpunkte

SPARTENKANAL

Durch die Digitalisierung des Fernsehens werden zunehmend Spartenprogramme angeboten. Das sind Programme, die den ganzen Tag Sendungen zu einem bestimmten Thema ausstrahlen. Im Free-TV gibt es bereits ein paar solcher Spezialisten: die Sportkanäle DSF und Eurosport, die Musik-Kanäle Viva und MTV, den Nachrichtenkanal N-TV und den Kinderkanal KI.KA.

Der Nachrichten-Sender

MUSIC TELEVISION

DSF

Bald können Zuschauer vielleicht interaktiv fernsehen und in die Handlung ihrer Lieblingsfilme eingreifen. Zum Beispiel, indem sie auswählen, wie die Geschichte endet.

kann man schon heute am Computer via Internet. Webcams übertragen Bilder aus aller Welt und es gibt erste Soaps und Filme im World Wide Web, die ausschließlich dafür hergestellt wurden.

In wenigen Jahren verschmelzen Computer, Fernseher, Stereoanlage und andere Geräte wahrscheinlich zu einem einzigen Multimedia-Terminal, über das wir Musik empfangen, Filme sehen, alle Fernsehkanäle dieser Welt anklicken, selbst fabrizierte Sendungen anschauen und zugleich überallhin senden, telefonieren, im Internet recherchieren, Geschäfte tätigen und nebenbei auch noch rechnen und Texte verarbeiten können. Das Fernsehen wird wahrscheinlich immer mehr Sinne ansprechen, nicht nur Augen und Ohren wie bisher: Nachdem inzwischen Ton- und Bildqualität immer realistischer werden, gibt es vielleicht bald auch Duftoder Fühlfernsehen, und irgendwann vielleicht einmal ganze virtuelle Welten, in denen wir uns bewegen können.

Hochzeilenfernsehen oder englisch „High Definition Television" (HDTV) hat eine sehr hohe Bildqualität durch weitere Bildzeilen.

Sportreporter sind bei allen wichtigen Ereignissen vor Ort. Heinz Prüller (links) interviewt Leute bei der Formel 1-Übertragung. Kollegen filmen die Tour de France (unten).

Unser Leben mit der Flimmerkiste

Bei Sportereignissen wie Fußballweltmeisterschaften, den Olympischen Spielen, Tennisturnieren, wichtigen Boxkämpfen, Formel

Kann Fernsehen die Welt verändern?

1-Rennen oder Skispringen steigen die Einschaltquoten weltweit in die größten Höhen. Regelmäßige Sendungen wie die „Sportschau" der ARD, „Das aktuelle Sportstudio" des ZDF oder „ran" bei Sat 1 waren und sind Publikumslieblinge. Wegen der großen Nachfrage steigen die Preise für die Übertragungsrechte von wichtigen sportlichen Ereignissen immer höher.

Am Beispiel Fußball kann man auch sehen, wie das Fernsehen die Wirklichkeit verändert: Früher wurden alle Bundesligaspiele am Samstagnachmittag zur gleichen Zeit angepfiffen. Heute werden sie über die ganze Woche verteilt, damit möglichst viele davon live übertragen werden können.

Das Medium Fernsehen hat auch im großen Rahmen unsere Wahrnehmung und unsere Welt verändert: Wichtige Geschehnisse gehen in Sekundenschnelle um die Welt und erreichen Millionen von Menschen. Unsere Welt ist viel leichter erkundbar geworden, wir wissen heute z. B. viel mehr über fremde Länder als unsere Großeltern, als sie noch jung waren.

Über das Fernsehen können aber auch gezielt falsche Informationen oder politische Propaganda verbreitet werden.

Während der Entwicklung des Fernsehens wa-

Wie hat sich unser Fernsehverhalten gewandelt?

ren Übertragungen eine große Sensation, doch nur wenige Menschen konnten die neue Erfindung auch erleben. Daher setzte sich das TV erst endgültig durch, als die Technologie so ausgereift war und

die Geräte so erschwinglich wurden, dass es sich viele Leute leisten konnten, ein Gerät für das eigene Zuhause zu erwerben. Anfangs wirkten die Fernsehapparate wie ein großer Magnet, der die Familien allabendlich vor dem Bildschirm versammelte. In den ersten Jahren sahen die Menschen meist noch gemeinsam fern – Uneinigkeit über die Programmwahl gab es nicht, da ja nur ein Sender zur Verfügung stand. Wichtige Fernsehereignisse wie die

Werden wir über kurz oder lang zu faul herumhängenden Couch-Potatoes?

Bilder der ersten Mondlandung oder auch große Shows waren oft Tagesgespräch.

Inzwischen haben wir uns daran gewöhnt, rund um die Uhr auf vielen verschiedenen Sendern unterhalten und informiert zu werden. Fernsehgeräte gehören zum festen Inventar eines Haushalts, und jeder kann sich sein Programm nach dem eigenen Geschmack aussuchen. Durch die Echtzeit-Übertragung können wir jederzeit erfahren, was in den anderen Ländern der Erde geschieht, können Informationen in Sekundenschnelle weitergegeben werden.

Immer wieder wird aber auch Kritik laut, dass wir uns dem bequemen Medium zu sehr unterwerfen.

Manche Kritikpunkte, wie die Fragen, ob das Fernsehen unsere Phantasie einengt, junge Zuschauer zappelig oder gewaltbereit macht, oder uns vor der Glotze vereinsamen lässt, tauchen immer wieder zum Thema Fernseh-

Erwachsene sehen durchschnittlich drei Stunden täglich fern, Kinder unter zwölf Jahren etwa zwei Stunden.

Birgt Fernsehunterhaltung Gefahren?

unterhaltung auf. Man kann sie nicht allgemeingültig beantworten. Sie hängen immer auch von der Art ab, wie der einzelne Zuschauer das Medium nutzt.

Verändert sich unser Käuferverhalten durch die Werbespots?

Verpassen wir unser eigenes Leben, wenn wir uns zu sehr in Soaps hineinträumen?

Wird das Fernsehen eher missbraucht, um unsere Meinung zu bestimmten Themen zu beeinflussen oder unterstützt es die Verbreitung ethischer Werte wie Toleranz und Verständnis gegenüber anderen?

Kann Fernsehen abhängig machen und uns sogar verdummen?

Solange wir verantwortungsvoll und ab und zu mal ein bisschen selbstkritisch mit diesen Fragen umgehen, überwiegen die tollen Möglichkeiten des Fernsehens. Du kannst deine Fernsehgewohnheiten ja einfach mal aufschreiben und sehen, wie viel Zeit du pro Woche vor der Mattscheibe verbringst, welche Sendungen du gezielt ansiehst und wie oft du einfach nur aus Langeweile herumzappst. Wenn du dir mal nicht mehr sicher bist, warum du eigentlich gerade davorsitzt, kannst du auf jeden Fall eines tun:

Abschalten.

Seit Beginn des Filmemachens werden Wesen, die es in der Realität nicht gibt, in Filmen mit verschiedenen Techniken eingeblendet: Die Knetmassemännchen aus „Luzie, der Schrecken der Straße" wurden mit dem Stop-Trick zum Leben erweckt. Dabei werden die Figuren Bild für Bild gefilmt und jedesmal ein kleines Stückchen bewegt. Zeichentrickfiguren werden ebenfalls oft Bild für Bild gezeichnet – die Bewegung entsteht durch

Theo, Tess und Quentin, die Moderatoren im „WAS IST WAS-TV" (Super RTL), wurden mit dem Motion Capture-Verfahren zum Leben erweckt.

Puppen und Modelle können heute sehr aufwändig mit winzigen Motoren gesteuert werden.

die Nachbildwirkung, wie bei einem Daumenkino.

Oft werden Phantasiewesen mit Motoren animiert: Unzählige winzige Motoren sorgen dafür, dass sich etwa ein Dinosaurier lebensecht bewegt und seine Mimik realistisch wirkt. Heute werden diese Effekte häufig mit Computertechniken ergänzt oder sogar völlig am Rechner hergestellt. Inzwischen können compu-

teranimierte Wesen so realistisch dargestellt werden, dass man sie kaum mehr von echten Schauspielern unterscheiden kann. Sie werden durch den Computer am Mischpult zugespielt. In Kindersendungen werden computerani-

Einer der beiden Friedrichs aus „Luzie, der Schrecken der Straße" (WDR)

mierte Figuren gerne als Moderatoren eingesetzt, die sich nach einem menschlichen Vorbild bewegen. Dabei werden die Bewegungen eines Schauspielers mit Hochgeschwindigkeitskameras aufgenommen und in einen Computer geleitet, wo sie dann auf die virtuelle Figur übertragen werden. Dieses Verfahren nennt man „Motion Capture".

Stichwortverzeichnis

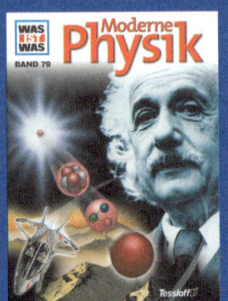

WAS IST WAS · BAND 79 · Moderne Physik

WAS IST WAS · BAND 80 · Tiere wie sie sehen, hören und fühlen

WAS IST WAS · BAND 81 · Die Sieben Weltwunder

WAS IST WAS · BAND 82 · Gladiatoren

WAS IST WAS · BAND 83 · Höhlen

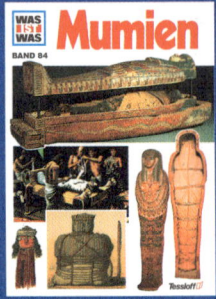

WAS IST WAS · BAND 84 · Mumien

WAS IST WAS · BAND 92 · Papageien und Sittiche

WAS IST WAS · BAND 93 · Olympia · Vom Altertum bis zur Neuzeit

WAS IST WAS · BAND 94 · SAMURAI · Ritter des Fernen Ostens

WAS IST WAS · BAND 95 · Haie und Rochen

WAS IST WAS · BAND 96 · Schatzsuche · Verschollene und gefundene Schätze

WAS IST WAS · BAND 97 · Hexen und Hexenwahn

WAS IST WAS · BAND 104 · Wölfe

WAS IST WAS · BAND 105 · Weltreligionen

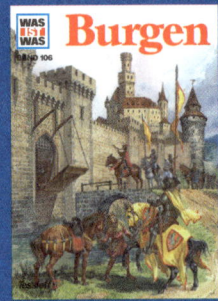

WAS IST WAS · BAND 106 · Burgen

WAS IST WAS · BAND 107 · Pinguine

WAS IST WAS · BAND 108 · Das Gehirn

WAS IST WAS · BAND 109 · Das alte China